Thorsten Henke

Leitfaden Korrektur und Bewertung

Schülertexte besser und effizient korrigieren

Klett | Kallmeyer

Bibliografische Information der Deutschen Nationalbibliothek
Die Deutsche Nationalbibliothek verzeichnet diese Publikation in der Deutschen Nationalbibliografie; detaillierte bibliografische Daten sind im Internet über http://dnb.d-nb.de abrufbar.

Impressum

Thorsten Henke
Leitfaden Korrektur und Bewertung
Schülertexte besser und effizient korrigieren

2. Auflage 2022

Redaktion: Stefan Hellriegel, Berlin
Realisation: Frederieke Ruberg
Druck: medienhaus PLUMP GmbH, Rheinbreitbach
Printed in Germany

ISBN: 978-3-7727-1372-9

Thorsten Henke

Leitfaden
Korrektur und Bewertung

Schülertexte besser und effizient korrigieren

Klett | Kallmeyer

Liebe Kollegin, lieber Kollege,

die Korrektur von Klausuren und Klassenarbeiten ist eine sehr verantwortungsvolle und zugleich eine der zeitaufwendigsten Tätigkeiten von Lehrkräften. Von Außenstehenden wird diese Tätigkeit meist unterschätzt. Auch in der Lehrerausbildung spielt sie oft nur eine untergeordnete Rolle.

Die meisten Lehrkräfte haben sich im Laufe ihres Berufslebens die Korrekturtätigkeit selbst oder mithilfe erfahrener Kollegen irgendwie angeeignet. Sie korrigieren nach bestem Wissen und Gewissen. Meist klappt das auch ganz gut, häufig aber verbringen sie mit der Korrektur einer Klausur oder Klassenarbeit eine übermäßig lange Zeit. Manchmal erzählen Kollegen, dass sie unsicher sind, ob sie überhaupt den Ansprüchen einer verlässlichen Korrektur und Bewertung gerecht werden. Das zeigt, dass die Korrektur nicht nur einen Großteil der Lehrertätigkeit einnimmt, sondern dass sie vielen Kollegen auch nicht leicht fällt. Genau hier soll dieser Leitfaden helfen, die Korrektur schneller, effizienter und ausgerichtet an bestimmten Qualitätsmaßstäben zu erledigen.

Zum großen Teil basiert dieser Leitfaden auf den Erfahrungen aus langjähriger Tätigkeit an einem Gymnasium und dem intensiven Austausch mit erfahrenen Kollegen und auch mit Schülern. Zusätzlich wurde die Literatur zu diesem Themenbereich gesichtet. Vieles davon stellte sich zwar als Bereicherung des theoretischen Diskurses über die Leistungsbeurteilung von Schülern heraus, ist aber entweder wenig systematisch oder nicht direkt anwendbar. Viele Hinweise, Ideen und Traditionen der Korrekturtätigkeit haben in diesen Leitfaden Eingang gefunden, wenn sie sich als durchführbar, praxisorientiert und realistisch herausgestellt haben.

Neue Erkenntnisse beim Lesen und
viel Erfolg beim Korrigieren wünscht Ihnen

Thorsten Henke

Um die Verständlichkeit und die auditive Wahrnehmung beim Lesen nicht zu stark zu beeinträchtigen, wird in diesem Leitfaden im Plural das generische Maskulinum verwendet. Mit dieser Pluralform sind explizit Frauen, Männer und Menschen, die sich keinem der beider Geschlechter zuordnen, gemeint. Im Singular werden meist beide Geschlechter genannt oder abwechselnd eingebracht.

1 Einführung

1.1 Über diesen Leitfaden

Dieser Leitfaden soll helfen, die Korrektur und Bewertung von Textarbeiten klarer zu gestalten und auf diesem Wege zu erleichtern. Er hat also den Anspruch, eine praxisnahe Hilfe zu sein. Insofern ersetzt er nicht die landes- und fachspezifischen Vorgaben, sondern er ergänzt sie um viele nützliche Hinweise und vor allem um eine Systematik von Fehlerarten und Korrekturzeichen. Gerade durch die systematisierte Kategorisierung sollen Unsicherheiten bei der Korrektur beseitigt werden. Hierauf liegt einer der Schwerpunkte dieses Buches.

Dieser Leitfaden richtet sich an alle Lehrkräfte, die von Schülern frei verfasste Texte mit Noten bewerten müssen. Angesprochen sind vor allem Lehrkräfte für Deutsch, Fremdsprachen sowie für gesellschafts- und sozialwissenschaftliche Fächer wie Geschichte, Sozialkunde oder Sozialwissenschaften, Wirtschaft, Geografie, Philosophie, Psychologie oder Pädagogik.

Berufsanfängern und Referendaren soll dieses Buch als Unterstützung dienen. Aber auch erfahrene Kollegen können davon profitieren, wenn sie

sich darauf einlassen, ihre „eingefahrenen Wege" der Korrekturtätigkeit zu überprüfen und zu hinterfragen.

Dieser Leitfaden ist in 5 Kapitel eingeteilt:

1. Die Einführung, die Sie gerade lesen: *Welche Bedeutung hat die Korrektur und woran wird sie ausgerichtet?*
2. Anforderungen und Fehler: *Welche Fehler gibt es?*
3. Korrekturzeichen und Randkommentare: *Wie erfolgt die Korrektur?*
4. Bewertung: *Wie wird ein frei geschriebener Text bewertet?*
5. Arbeitsorganisation: *Wie kann die Korrektur gut geplant und effizient durchgeführt werden?*

Die Kapitel sind systematisch angeordnet, sodass es sich empfiehlt, sie zunächst nacheinander zu lesen. Später können Sie dann einzelne Kapitel oder Abschnitte immer wieder zu Rate ziehen und den Leitfaden wie ein Handbuch verwenden.

Hin und wieder finden Sie auch kurze Exkurse, die zu einigen Inhalten genauere Informationen enthalten. Das sind Informationen, die zwar interessant und wissenswert, aber zur Korrektur nicht unbedingt notwendig sind und den Lesefluss des Haupttextes nicht stören sollen.

1.2 Stellenwert von Schreibkompetenz und Korrektur

Die Korrektur von Schülertexten ist ein zentraler und wichtiger Teil der Lehrertätigkeit. Gerade im deutschsprachigen Raum spielt der klassische Schulaufsatz eine wichtige Rolle innerhalb der Schulbildung: Historisch gesehen diente er dazu, die früher oft Dialekt sprechenden Schüler in der Hochsprache zu üben.

Heute gelten frei verfasste Schülertexte als wichtiger Indikator für die Entwicklung von Kompetenzen, denn aufgrund ihres offenen Antwortformates verlangen solche Texte nicht nur die Reproduktion von Inhalten, sondern die problemlösende Auseinandersetzung mit ihnen. Analysen, Erörterungen oder kreative Schreibaufträge überprüfen, wie eine Schülerin oder ein Schüler mit Inhalten individuell umgeht und inwiefern die dazu nötigen Kompetenzen angewandt und miteinander vernetzt werden können.

So nimmt auch das Erlernen des Schreibens von Texten viel Raum nicht nur im Deutschunterricht ein, sondern in allen Fächern, in denen Texte eine

Rolle spielen. Das Erlernen von Schreibkompetenz hat also einen hohen, fächerübergreifenden Stellenwert.[1]

Dieser hohe Stellenwert von Schreibkompetenz in der Schule spiegelt sich auch in der Korrektur von Klausuren und Klassenarbeiten wider. Diese Tätigkeit nimmt einen nicht zu unterschätzenden Anteil der Arbeitszeit einer Lehrerin oder eines Lehrers ein.

1.3 Rechtlicher Rahmen

Der rechtliche Rahmen ist zunächst einmal in den Lehrplänen, den Curricula, und in vielen Vorschriften der einzelnen Bundesländer festgelegt. Diese Vorschriften finden sich entweder in Gesetzen, Erlassen oder Empfehlungen von Landesbehörden. Meist beziehen sich aber nur wenige Paragraphen, Artikel oder auch nur einzelne Sätze auf die Korrektur und Bewertung von Textarbeiten. Hinzu kommt, dass die Vorgaben der einzelnen Bundesländer recht unterschiedlich sind.

Eine einheitliche Orientierung für ganz Deutschland findet sich in den *Bildungsstandards für die Allgemeine Hochschulreife* der Kultusministerkonferenz (KMK), die für einzelne Fächer in den letzten Jahren veröffentlicht worden sind und die *Einheitlichen Prüfungsanforderungen* (EPA) für die Gestaltung der Abiturprüfungen ablösen. Die Bildungsstandards geben an, welches Kompetenzniveau Schüler in einem Fach erreichen sollen.

Für die Korrektur von Klassenarbeiten der Sekundarstufe I besteht meist deutschlandweit eine sehr große didaktische Freiheit. Allerdings gehen immer mehr Schulen dazu über, schulinterne Vereinbarungen zu treffen und Vereinheitlichungen zu etablieren.

Ihre Aufgabe als Korrekturlehrerin oder Korrekturlehrer ist es zunächst also, die jeweiligen Bestimmungen und Vorgaben Ihres Bundeslandes, der KMK und Ihrer Schule in Erfahrung zu bringen und sich mit ihnen zu befassen. Tauschen Sie sich mit erfahrenen Kollegen aus, welche Vorgaben es gibt und welche für Sie von Belang sind. Stellen Sie Fragen wie diese:

- Gibt es vorgeschriebene Zeiträume für die Rückgabe von Arbeiten?
- Gibt es Vorgaben für die Gewichtung von einzelnen Aspekten (z. B. Rechtschreibung)?
- Gibt es vorgeschriebene Korrekturzeichen?
- Wie muss eine Note begründet werden? Gibt es eine Pflicht zu Schlusskommentaren oder reichen Bewertungsraster aus?

Wichtig ist, dass Ihre Korrektur und Bewertung immer im rechtlichen Rahmen Ihres jeweiligen Bundeslandes stattfindet.

1.4 Ziele und Qualitätsmaßstäbe

Ziele

Die Korrektur und Bewertung einer Textarbeit hat im Grunde zwei Ziele. Zum einen soll eine Note gefunden werden. Diese Notenfindung dient dazu, den Leistungsstand einer Schülerin oder eines Schülers knapp und allgemeinverständlich widerzuspiegeln (rechtliche Dimension). Zum anderen soll die Schülerin oder der Schüler durch eine Rückmeldung, ein Feedback, zum Lernen motiviert und gefördert werden (pädagogische Dimension).[2]

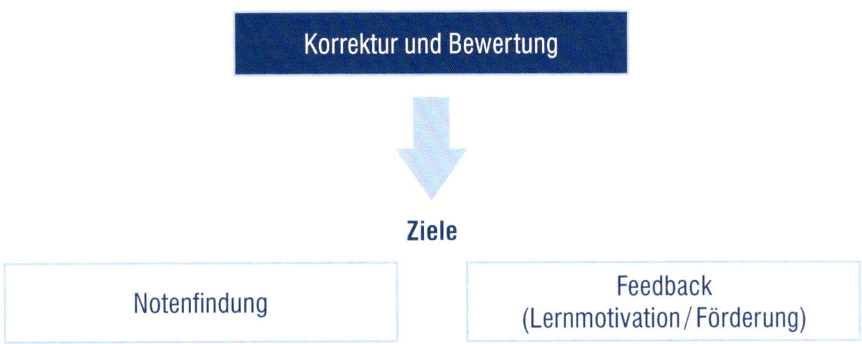

Damit diese Ziele auch erreicht werden können, also die Leistungserhebung nicht verfälscht wird und die Förderung sinnvoll initiiert werden kann, sollten bestimmte Qualitätsmaßstäbe schon bei der Vorbereitung und Planung einer Arbeit Beachtung finden.

Qualitätskriterien

Die Bewertung frei geschriebener Texte ist kein willkürliches Verfahren. Was aber macht eine gute Bewertung aus? Kann sie gerecht sein oder objektiv? Welchen Qualitätsmaßstäben sollte sie entsprechen?

Mit diesen Fragen hat sich die Schreibdidaktik schon seit den 1970er Jahren auseinandergesetzt.[3] In den letzten Jahren haben einige Universitäten für ihre schriftlichen Prüfungen Maßstäbe festgelegt, die sich an den klassischen Gütekriterien empirischer Forschung orientieren.[4] Diese sind

- Validität (Gültigkeit und Wirksamkeit der Aussagen),
- Objektivität (Unabhängigkeit von Untersuchern und Testbedingungen) und
- Reliabilität (Zuverlässigkeit von Messungen, Messinstrumenten und Ergebnissen).

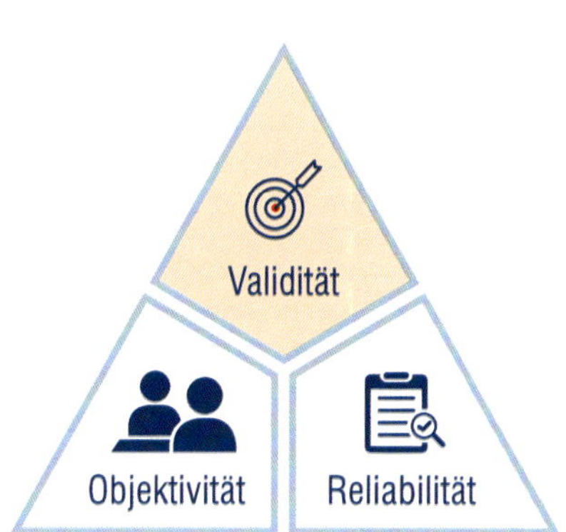

Validität

Validität eignet sich durchaus auch für frei geschriebene Texte in der Schule, denn hier geht es um die inhaltliche Aussagekraft. Der Begriff meint, dass genau das überprüft wird, was zuvor erarbeitet und gelernt wurde. Nur dann kann eine Arbeit gültige Aussagen über den Ausprägungsgrad der geforderten Kompetenzen ermöglichen. Valide ist eine Überprüfung also nur, wenn sich ihre Anforderungen direkt auf die tatsächlich im Unterricht realisierten Lernziele beziehen (Validität durch Lernzielorientierung).[5]

Exkurs: Verschiebung der Lernziele

Der Umfang der Aufgabenstellung oder des zu bearbeitenden Materials kann die Validität beeinflussen. So kann die Länge einer Textvorlage den Schwerpunkt dessen, was überprüft wird, verschieben: Ist ein Text recht kurz, wird vor allem überprüft, wie ausführlich und detailliert dieser analysiert wird. Ist ein Text sehr lang, sind eher Schnelligkeit oder die Konzentration auf nur wenige wichtige Textmerkmale von Belang. Das sind unterschiedliche Anforderungen. Sie sollten also schon bei der Planung einer Arbeit den Umfang des Materials und die sich dadurch verschiebenden Lernziele antizipieren.

Verlässlichkeit und Transparenz

Im Gegensatz zur Validität eignen sich Objektivität und Reliabilität als Gütekriterien für Textarbeiten kaum, denn Aufgaben mit offenen Antwortformaten ermöglichen *keine rein quantitative Leistungsmessung*.

Ein frei formulierter Text beinhaltet eine große Bandbreite an individuellen und vielschichtigen Ausdrucksmöglichkeiten und ist daher kein zweites Mal exakt wiederholbar. Die mit Objektivität und Reliabilität verbundenen Zielvorstellungen quantifizierender Vergleichbarkeit und Reproduzierbarkeit sind also kaum mit der Offenheit freier Texte und den dadurch möglichen inhaltlichen sowie semantisch-stilistischen Variablen vereinbar. Ebenso ist die Offenheit freier Texte unweigerlich mit einem gewissen Bewertungsspielraum der korrigierenden Lehrkraft verbunden. Dadurch kann die Bewertung einer Textarbeit nie vollständig objektiv, also unabhängig von jeglichen subjektiven Einflüssen und individuellen Ermessensentscheidungen, sein.[6]

Darüber hinaus geht es in der Schule nicht ausschließlich um die Vergleichbarkeit von Prüfungsergebnissen und schon gar nicht um empirische Forschung, sondern in erster Linie um das Lernen. Und der Erfolg des Lernens ist in hohem Maße von der Lehrerpersönlichkeit bzw. der Bindung zwischen Lehrern und Schülern abhängig, worauf auch die Ergebnisse der Hattie-Studie hindeuten.[7]

Objektivität und Reliabilität sollten demnach durch andere Gütekriterien ersetzt werden, beispielsweise durch Verlässlichkeit und Transparenz.

Der Begriff Verlässlichkeit hat – analog zur Objektivität – einen personalen Bezugspunkt. Er impliziert eine Beziehungsebene: Die Schüler müssen sich auf eine Lehrerin oder einen Lehrer verlassen können. Um eine Verwechslung mit dem Fachterminus Reliabilität zu vermeiden, könnte man auch von Konsistenz sprechen. Dabei geht es darum, ob und inwiefern eine Arbeit nach *zugesicherten Anforderungskriterien* gestellt, korrigiert und bewertet wird. Es geht also um Verbindlichkeit gegenüber den Schülern: Eine korrigierende Lehrkraft muss sich an den vorher festgelegten Anforderungskriterien orientieren, auf die sich die Schüler aufgrund des erteilten Unterrichts verlassen. Dabei richten sich Korrektur und Bewertung vor allem an den im Unterricht vermittelten *Lernzielen* aus, können aber auch im Unterricht aufgetretene Schwierigkeiten berücksichtigen (pädagogischer Ermessensspielraum). Verlässlichkeit verpflichtet die korrigierende Lehrkraft demnach zu *sorgsamen* und *widerspruchsfreien Bewertungsentscheidungen*. Ihr entgegen stehen Unberechenbarkeit, Unverbindlichkeit und Willkür aufgrund von Sympathien, emotionalen Impulsen oder mangelnder Sorgfalt. Das zeigt, dass der hier verwendete Begriff *Verlässlichkeit* auch die Gleichbehandlung und Unvoreingenommenheit gegenüber allen Schülern einer Lerngruppe beinhaltet, sodass niemand bevor- oder benachteiligt werden kann.

Der andere hier vorgeschlagene Qualitätsmaßstab ist Transparenz, die Offenlegung von Anforderungen und Bewertungskriterien. Dabei geht es zum einen darum, ob und wie weit den Schülern Aufgabentypen, Anforderungen und *Bewertungskriterien im Vorfeld* einer Arbeit bekannt sind. Zum anderen ermöglicht Transparenz das *Nachvollziehen von Bewertungsentscheidungen*. Der Transparenz entgegen stehen Geheimhaltung und Verschleierung.

Das Schaubild auf der folgenden Seite veranschaulicht die drei hier vorgeschlagenen Qualitätsmaßstäbe für die Vorbereitung, Erstellung, Korrektur und Bewertung von Klassenarbeiten und Klausuren, in denen frei geschriebene Texte verlangt werden.

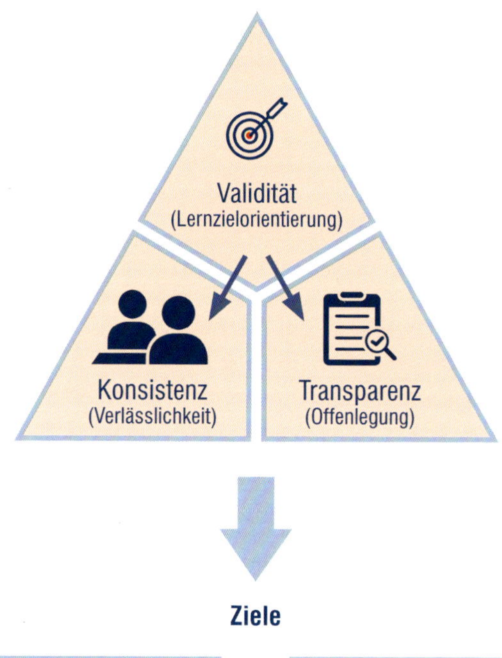

Notenfindung

Feedback
(Lernmotivation / Förderung)

Minimierung unsachgemäßer Einflussfaktoren

Als Lehrkräfte sollten wir uns also immer bewusst sein, dass eine vollkommen objektive Bewertung frei geschriebener Texte kaum möglich ist. Wir sollten aber stattdessen dem Anspruch auf Validität (Lernzielorientierung), Verlässlichkeit und Transparenz gerecht werden. Diese Qualitätsmaßstäbe sind unabdingbar, um die oben genannten Ziele auch wirklich zu erreichen. Die Orientierung an ihnen hilft, unsachgemäße Einflüsse auf die Bewertung zu minimieren.

Zum Beispiel besteht die Gefahr, dass die Reihenfolge der zu korrigierenden Arbeiten die Bewertung beeinflusst: Wenn auf eine gute Arbeit eine weniger gute folgt, neigt man ohne eine Orientierung an bestimmten Maßstäben dazu, die zweite übermäßig abzuwerten. Umgekehrt kann eine bessere Arbeit, die einer schlechten folgt, unverhältnismäßig gut erscheinen. Auch die persönliche Stimmung sowie Sympathien oder Antipathien gegenüber Schülern sind Einflussfaktoren, die allzu subjektiv beeinflusste Bewertungen hervorrufen können.[8] Die Beachtung der drei Qualitätsmaßstäbe hilft, diese unsachgemäßen Einflüsse zurückzudrängen.

1.5 Ganzheitliche oder kriterienorientierte Bewertung?

Noch vor 30 Jahren wurden Aufsätze in der Regel ohne Bewertungsraster und Vergabe von Bewertungspunkten korrigiert. Am Ende der Arbeit stand ein Schlusskommentar, der die Note – nicht immer nachvollziehbar – begründete. Das hat sich mittlerweile verändert. Ausführliche Erwartungshorizonte und die Vergabe von Punkten nach mathematischen Modellen sind heute eher die Regel. Viele Schulen verpflichten sich durch schulinterne Vereinbarungen sogar dazu (z. B. Leistungskonzepte).

Exkurs: Verrechtlichung und Operationalisierung

In den letzten Jahrzehnten hat die Verrechtlichung in der Schule, also die Unterstellung des pädagogischen und didaktischen Handelns unter das Recht, in hohem Maße zugenommen. Hinzu kommt die Einführung komplexer Schulkonzepte und standardisierter Lernkompetenzen (Operationalisierung). Das dient der Qualitätssicherung und soll Vergleichbarkeit und Verbindlichkeit schaffen. Allerdings kann durch die Vielzahl an Verordnungen, Erlassen und schulinternen Vereinbarungen der Handlungsspielraum einer Lehrkraft auch so eingeschränkt werden, dass dies manchmal als Eingriff in die pädagogische Autonomie empfunden wird.

Früher war oft der *Gesamteindruck eines Textes* entscheidend für die Notenvergabe. Dabei können Gesamteindruck und Intuition durchaus richtig liegen, denn Lehrkräfte entwickeln im Laufe ihres Berufslebens eine gute Einschätzungsfähigkeit. Die Bewertungsmaßstäbe sind von erfahrenen Lehrern so verinnerlicht worden, dass sie oft gar nicht genau erklären könnten, warum ein Aufsatz mit *ausreichend*, der andere mit *gut* bewertet wird.

Jahrzehnte, wenn nicht gar Jahrhunderte hat die Korrektur und Bewertung der klassischen Aufsätze so funktioniert und sich auch bewährt. Allerdings ist dieses ganzheitlich-intuitive Verfahren für alle Beteiligten *nicht transparent*. Man kann zwar die Benotung im informellen Einzelgespräch klären, die Schüler aber gewinnen den Eindruck einer willkürlichen Entscheidung. Und tatsächlich sind Fehleinschätzungen durch unsachgemäße Einflussfaktoren weitaus wahrscheinlicher als mit einem kriteriengestützten Bewertungsraster.[9]

2 Anforderungen und Fehler

In diesem Kapitel werden verschiedene Aspekte der Bewertung einer Textarbeit vorgestellt: 1. Inhalt (Auseinandersetzung mit Inhalten, Organisation von Inhalten), 2. Sprache (Rechtschreibung, Zeichensetzung, Grammatik, Ausdruck) und 3. Formalien. Die Bewertung ist dabei immer abhängig von den *Anforderungen*, die Sie als Lehrkraft festlegen, und den *Fehlern*, die ein Schülertext enthält.

Der Begriff *Fehler* wird meist vereinfachend zur Kennzeichnung eines Phänomens verwendet, das den gestellten Anforderungen entgegensteht und die Bewertung negativ beeinflusst. Bezugsgröße eines Fehlers muss also immer eine Anforderung sein, zum Beispiel das Fachwissen oder eine Rechtschreibregel. Fehlt eine Bezugsgröße, ist auch kein Fehler feststellbar. Fehler werden daher nicht ausschließlich nach dem Gegensatz von *richtig* und *falsch* bemessen. Sie sind gerade bei Aufgaben mit freien Antwortformaten vielschichtigere Abweichungen von den gestellten Anforderungen.

Ein Fehler sollte nie als unveränderliche Unzulänglichkeit einer Schülerin oder eines Schülers begriffen werden, sondern als Indikator für den individuellen Kompetenzerwerb. Das heißt: Das anhand einer Fehlerdiagnose ermittelte Kompetenzniveau kann verbessert werden – vorausgesetzt, dass die Bereitschaft zum Lernen aus Fehlern da ist.

Die Korrektur einer Textarbeit besteht im Wesentlichen aus der zeitaufwendigen und mühsamen Feststellung und Bestimmung von Fehlern. Deshalb sollen die in diesem Kapitel vorgestellten Bewertungsaspekte helfen, Fehler schnell zu benennen und an passender Stelle in die Bewertung einfließen zu lassen.

Wenn Sie eine Textarbeit im Fach Deutsch in der Sekundarstufe I korrigieren, können die Bewertungsaspekte Inhalt und Sprache in vielen Fällen gleichrangig berücksichtigt werden. Denn oft werden Sie Ihre Unterrichtsziele und Anforderungen für eine Klassenarbeit in beiden Bereichen wiederfinden.

In Klausuren der gymnasialen Oberstufe ist die Situation jedoch anders: Hier steht die Auseinandersetzung mit Inhalten im Vordergrund der Bewertung (*Fachliche Leistung, Diskursleistung* oder *Verstehensleistung*). Die Sprache und auch die Organisation von Inhalten sind dann zweitrangig und nicht immer expliziter Lerngegenstand Ihres Faches. Sie werden als *Darstellungsleistung* vorausgesetzt und fließen zu einem geringeren Anteil in die Bewertung ein. Das betrifft neben Deutsch auch andere Fächer.

2.1 Inhaltliche Anforderungen und Fehler

Bei den inhaltlichen Anforderungen kann man zwischen der *Auseinandersetzung mit Inhalten* einerseits und der *Organisation von Inhalten* andererseits unterscheiden.

Bezugsgrößen der Auseinandersetzung mit Inhalten bzw. des inhaltlichen Diskurses (engl. *discourse*) sind das Fachwissen (Daten, Forschungsergebnisse, Theorien), die fachlichen Kompetenzerwartungen und Materialien, zum Beispiel eine Textvorlage. Die Organisation von Inhalten, also der Aufbau und die Gedankenführung eines Textes, bezieht sich zum einen auf die Textsorte sowie die Ansprüche potenzieller Rezipienten und zum anderen auf die Logik.

Im Erwartungshorizont einer Oberstufenklausur werden beide Bereiche meist getrennt voneinander ausgewiesen (→S. 72f.). Auch in der Schreibdidaktik wird der Textaufbau oft als vom Inhalt getrennte Dimension dargestellt. In der Praxis zeigt sich allerdings, dass diese Trennschärfe nicht immer gegeben ist und dann die Zuordnung bei der Fehlerdiagnose nicht eindeutig erfolgen kann, vor allem bei Verstößen gegen die logische Gedankenführung.

2.1.1 Auseinandersetzung mit Inhalten

Inhaltliche Richtigkeit

Ob etwas fachlich richtig ist oder nicht, ist für eine korrigierende Lehrkraft relativ schnell zu ermitteln. So wird man in einer Arbeit mit falschen oder fehlerhaft dargestellten Daten, Zusammenhängen, Begriffen, Definitionen, Erläuterungen etc. konfrontiert (Abweichung vom Fachwissen). Generell kann man dies als „inhaltlich falsch" markieren.

Inhaltliche Genauigkeit und Vollständigkeit

Meistens geht es bei der Korrektur und Bewertung von Arbeiten aber nicht um *richtig* oder *falsch*, sondern darum, ob die Aufgaben genau und vollständig bewältigt wurden. Oft fehlen Begründungen und Belege für Behauptungen, Begriffsdefinitionen oder Erläuterungen von Problemzusammenhängen, sodass manche Aussagen nicht mehr nachvollziehbar sind. In anderen Fällen fehlen wesentliche Aspekte, welche die Aufgabenstellung oder eine erlernte methodische Vorgehensweise verlangen. Die inhaltliche Darstellung ist dann ungenau/unpräzise, zu allgemein/pauschal, oberflächlich oder unvollständig/lückenhaft. Diese Versäumnisse muss man als korrigierende Lehrkraft genau kennzeichnen, denn nur so verstehen Schüler, weshalb eine Bewertung trotz inhaltlicher Richtigkeit eventuell negativ ausfallen kann. Bei der inhaltlichen Genauigkeit und Vollständigkeit geht es also darum, zu ermitteln, ob die Aufgabenstellung beachtet worden ist und die fachspezifischen Arbeitsanweisungen (Operatoren) und das im Unterricht erarbeitete methodische Vorgehen verstanden und beachtet worden sind.

Zur inhaltlichen Genauigkeit gehört es auch, übernommene Aussagen von eigenen zu trennen und so die Urheberin oder den Urheber wiedergegebener oder zitierter Aussagen zu benennen. Auf welche Weise aber Aussagen mit Urhebernennung wiedergegeben werden sollen, ist Sache des Ausdrucks (→ S. 42, *Modalität*). Entfällt diese Benennung, also werden Aussagen ohne Urheberzuordnung in den eigenen Text übernommen, liegt ein inhaltliches Versäumnis vor. Zwischen der Wiedergabe fremder Aussagen und der eigenen Meinung ist dann nicht mehr zu unterscheiden. Im Endeffekt scheint es, als stimmte die Schülerin oder der Schüler den Aussagen der Textvorlage unkritisch zu.

Einige Schüler versuchen die im Unterricht erworbene Fachterminologie zu umgehen und umschreiben Sachverhalte lieber. Auch das gilt durchaus als inhaltliches Versäumnis bzw. als Ungenauigkeit, denn die Verwendung von Fachbegriffen ist eine Anforderung an fachliche Präzision. Sie können aber auch die Fachterminologie unter dem sprachlichen Ausdruck subsumieren, da es um die für eine Textsorte angemessene Sprache geht.

Inhaltliche Relevanz

Eine weitere inhaltliche Anforderung ist die Relevanz des Geschriebenen, also wie bedeutsam oder wichtig die von einer Schülerin oder einem Schüler niedergeschriebenen Aussagen sind. So kann es vorkommen, dass Schüler *Nebensächlichkeiten* darstellen, die in Bezug auf die Aufgabenstellung nicht von Bedeutung sind. Manchmal sind Aussagen auch *trivial*, also so selbstverständlich, dass sie nicht hätten erwähnt werden müssen. Solche Aussagen werden daher in ihrem *Erkenntniswert* ebenfalls als irrelevant eingestuft.

Auch bei der Relevanz sind die Bezugsgrößen die Aufgabenstellung und die Arbeitsanweisungen. Es kommt immer wieder vor, dass Schüler Anweisungen anders interpretieren oder weitaus mehr oder manchmal auch weniger schreiben, als von ihnen verlangt wird. Das beeinträchtigt vor allem dann die Leistung, wenn aufgrund der zeitaufwendigen Darstellung von Irrelevantem andere Aspekte, die erwartet werden, vernachlässigt werden.

Inhaltliche Eigenleistung

Bei einer Argumentation, also der Auseinandersetzung mit wissenschaftlichen Thesen, besteht die inhaltliche Eigenleistung in der Darstellung und nachvollziehbaren Begründung eines eigenen Standpunktes oder Werturteils (Urteilsbildung), bei Textanalysen in der *Deutung*. Wenn also kein eigener Standpunkt oder keine Deutung entwickelt wird, ist dies ein inhaltliches Versäumnis.

Aber auch die Wiedergabe eines fremden Textes erfordert eine inhaltliche Eigenleistung: So sollen die Aussagen der Textvorlage nicht wörtlich, sondern verkürzt, in eigenen Worten und nach inhaltlichen Aspekten gegliedert wiedergegeben werden (Reorganisation eines Textes). Das Leitmotiv der Textvorlage muss weiterhin erkennbar sein. Damit beweisen die Schüler, dass sie den Text verstanden, also in ihren Verstehenshorizont übersetzt haben. Der Eigenleistung widerspricht es, alle Einzelheiten der Vorlage zu übernehmen und sich auch in der Formulierung zu nah an der Textvorlage zu orientieren. Vor allem wenn *deutungsbedürftige Begriffe und Metaphern* wörtlich übernommen werden, ist es fraglich, ob die Textvorlage überhaupt verstanden worden ist. Im schlimmsten Fall besteht dann die Wiedergabe des Textes in einer zusammenhanglos erscheinenden Aneinanderreihung von textlichen Versatzstücken.

Am schwierigsten für korrigierende Lehrkräfte ist die Bewertung der inhaltlichen Eigenleistung bei Aufgabenstellungen, in denen Kreativität (Ideenreichtum, Fantasie) und Originalität gefordert sind. Diese Formen inhaltlicher Eigenleistung spielen eine zentrale Rolle bei produktionsorientierten Unterrichtsreihen im Deutschunterricht der Sekundarstufe I, aber auch beim materialgestützen Schreiben in der gymnasialen Oberstufe. Gleiches gilt beispielsweise für Englischklausuren mit einem auf einer Textvorlage basierenden kreativen Schreibauftrag *(re-creation of text)* oder einer Aufgabe der Sprachmittlung *(mediation)*.

2.1.2 Organisation von Inhalten

Inhaltliche Klarheit (Allgemeinverständlichkeit)

Von den Schülern wird nicht nur erwartet, dass sie fachliche Zusammenhänge korrekt und genau, sondern auch für Außenstehende klar und *allgemeinverständlich* darstellen. Es kommt durchaus vor, dass man als korrigierende Lehrkraft eine Textpassage schlichtweg nicht versteht. Sie kann als inhaltlich unklar oder sogar als unverständlich gekennzeichnet werden. Viele Kollegen setzen dafür ein Fragezeichen an den Rand.

Der Grund für solche unverständlichen Aussagen und Textpassagen kann in mangelndem Textverständnis, in unüberlegtem Schreiben oder einem kurzen „Blackout" liegen. In einigen Fällen verursachen auch sprachliche Defizite solche nichtverständlichen Passagen (Fehlerkausalität), wobei es meistens kaum möglich oder äußerst mühsam ist, die genauen sprachlichen Fehler für eine solche Kausalität festzustellen. Da sich eine Unklarheit oder

Unverständlichkeit auf der inhaltlichen Ebene auswirkt, reicht es aus, diese als inhaltlichen Fehler zu betrachten.

Inhaltliche Struktur und Kohärenz

Bei der inhaltlichen Struktur (Gliederung, Aufbau) und der Kohärenz geht es darum, einen zusammenhängenden und leserorientierten Text zu gestalten. Das Gegenteil eines solchen wäre ein Text mit inhaltlichen Brüchen (Gedankensprünge) bzw. eine bloße Aneinanderreihung vermeintlich zusammenhangloser Aspekte (unklare Zusammenhänge) sowie inhaltliche Wiederholungen (Redundanzen).

Eine durchdachte Gliederung und Kohärenz werden erreicht, indem man unterschiedliche Aussagen durch inhaltlich gesetzte Absätze voneinander trennt *(Gliederung in Sinnabschnitte)*, zusammenhängende Aussagen miteinander verbindet (Verwendung von sinnvollen *Konjunktionen* und korrekten *Pronomen*) und *leserführende Überleitungen* zwischen einzelnen methodischen Schritten oder Aufgabenteilen einfügt, z. B.:

Im Folgenden wird das Analyseergebnis unter der Frage ... beurteilt.

Einzelne Verstöße gegen die Kohärenz können markiert werden, beispielsweise inhaltliche Wiederholungen oder unklare inhaltliche Bezüge oder Zusammenhänge. Ein unklarer Bezug liegt zum Beispiel dann vor, wenn ein Pronomen verwendet wird, das in keiner Verbindung zu der davor getätigten Aussage steht. Hier zeigt sich dann ein inhaltlicher Bruch in der Textstruktur:

Nach dem Essen wollte ich etwas fernsehen, aber er war leider kaputt und ließ sich nicht einschalten. I (Bezug)

(Das Substantiv *Fernseher* wird nicht benutzt, ist aber mit *er* gemeint.)

Ein Bezugsfehler allein aber kann noch nicht die Bewertung der inhaltlichen Struktur und der Kohärenz negativ beeinflussen. Hier ist neben der Quantität solcher Fehler auch der Gesamteindruck eines Textes entscheidend, den man am besten nach dem Lesen eines Schülertextes als Ganzes bewertet. Hilfreiche Fragen zur Bewertung von inhaltlicher Struktur und Kohärenz können folgende sein:

- Ist eine sinnvolle Gliederung in Sinnabschnitte erkennbar?
- Sind zusammenhängende Aspekte miteinander verbunden?
- Ist ein Leitmotiv vorhanden (Orientierung an Zielvorstellung oder Gesamtdeutung, „roter Faden")?
- Häufen sich inhaltliche Wiederholungen und unklare/falsche Bezüge oder Zusammenhänge?
- Sind Überleitungen zur Leserführung eingefügt worden?

Logik

Eine grundsätzliche inhaltliche Voraussetzung jeder Textarbeit ist die Logik, also die Folgerichtigkeit. Oft aus Unachtsamkeit und mangelnder Überlegung heraus bauen Schüler logische Fehler, auch Denkfehler genannt, in ihre Arbeiten ein und ziehen *falsche Schlussfolgerungen*.

Manchmal äußern sich logische Fehler in einem Widerspruch, einer Kontradiktion. Dann stehen zwei Begriffe, Aussagen oder Urteile im Widerspruch zueinander und stellen eine gegenseitige Negation dar:

Alle Robben leben im Salzwasser. Nur das Habitat der Baikalrobbe ist ein Süßwassersee.

Der Gegensatz zur Kontradiktion ist die Tautologie, eine Aussage, die vermeintlich etwas erklärt, aber nur denselben Gedanken wiederholt:

Die seit Jahren auffällig höher werdenden Temperaturen nehmen immer mehr zu.
Die Dichter der Romantik schrieben romantisch.

Ein besonderer Logikfehler, der bei der Inhaltsangabe und Analyse von fiktionalen Texten eine Rolle spielt, ist die Vermischung von Handlungs- und Metaebene. Als Handlungsebene wird bezeichnet, was innerhalb der fiktiven Welt einer Erzählung passiert. Die Metaebene (auch Bedeutungsebene) beschreibt hingegen eine von der Handlung des Textes abstrahierte Sichtweise auf den Text, in der es um strukturelle und gestalterische Textelemente, Deutungen und Wirkungen geht. Das folgende Beispiel verdeutlicht, warum die Vermischung beider Ebenen in erster Linie ein logischer Fehler ist:

Die vorliegende Textstelle ist der Auslöser für die Auswanderung Mendel Singers nach Amerika.
(Nicht die Textstelle, sondern ein in dieser erzähltes Ereignis kann Auslöser für die Handlung einer fiktiven Figur sein.)

2.1.3 Zusammenfassung inhaltlicher Anforderungen

In einem Erwartungshorizont können inhaltliche Anforderungen als Zielkompetenzen formuliert werden. Durch die folgende Zusammenfassung wird die Gesamtheit inhaltlicher Anforderungen – und im Umkehrschluss auch der Fehler – für die korrigierende Lehrkraft sehr anschaulich:

Die Schülerin / Der Schüler
- gibt das Fachwissen richtig wieder.
- erläutert und begründet fachliche Kenntnisse und Erkenntnisse genau und gemäß Aufgabenstellung vollständig.
- konzentriert sich auf die Aufgabenstellung (Relevanz).
- zeigt eine inhaltliche Eigenleistung (z. B. Entwicklung eines eigenen Standpunktes).
- schreibt allgemeinverständlich (Klarheit).
- gliedert ihren/seinen Text inhaltlich sinnvoll (Sinnabschnitte) und schreibt kohärent.
- schreibt schlüssig und widerspruchsfrei (Logik).

2.2 Sprachliche Anforderungen und Fehler

Als sprachlicher Fehler wird in der Regel eine Abweichung von den geltenden Sprachnormen, ein Verstoß gegen Wortbedeutungen oder bestimmte textliche Konventionen bezeichnet. Solche Fehler können zu Kommunikationsstörungen und zu inhaltlichen Fehlern wie Missverständnissen führen (Fehlerkausalität).

Fehler lassen sich auf ganz unterschiedliche Ursachen zurückführen. Zeitnot und mangelnde Sorgfalt sind die wohl unbedenklichsten Fehlerursachen (Flüchtigkeitsfehler, Tippfehler). Die meisten sprachlichen Fehler resultieren aus einer mangelnden Beherrschung der Rechtschreibung, Zeichensetzung und Grammatik sowie aus einer eingeschränkten Ausdrucksfähigkeit (Kompetenzfehler). Hinzu kommen sprachliche Fehler, die auf den Einfluss anderer Sprachen zurückzuführen sind, die sogenannten interlingualen Interferenzen. Solche Interferenzfehlerquellen kennt vor allem der Fachbereich *Deutsch als Fremdsprache*. Sie erhalten gerade an großstädtischen Schulen mit vielen Schülern aus Familien mit Migrationsgeschichte Einzug in den Unterricht. Einen Sonderfall bildet die Fehlerdiagnostik bei der *Lese- und Rechtschreibstörung* (LRS).

Um Unklarheiten zu vermeiden, sollte man wissen, dass in der Schule traditionell bestimmte Begrifflichkeiten verwendet werden, die nicht in gleicher Weise in der Sprachwissenschaft in Gebrauch sind. Unter dem Begriff

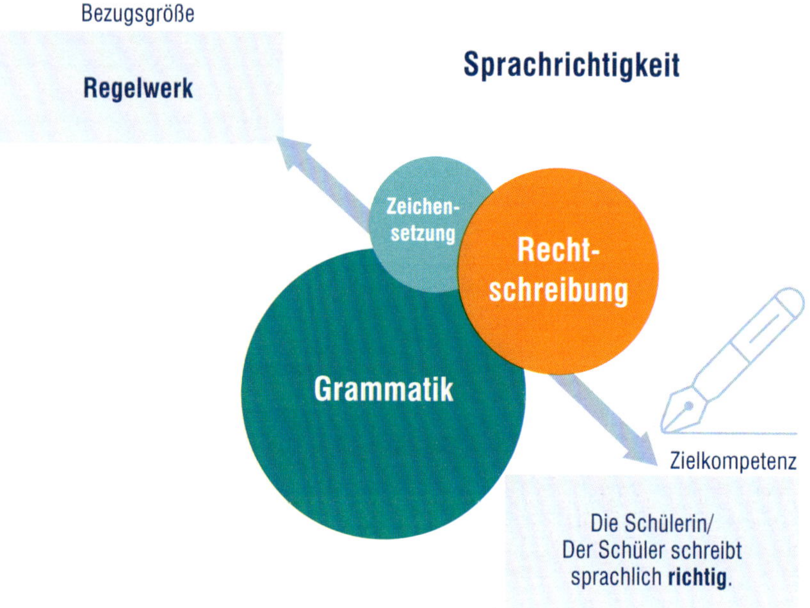

„Grammatik" beispielsweise verstehen Sprachwissenschaftler jede Form einer systematischen Sprachbeschreibung. In der Schule ist dieser Begriff viel enger gefasst. Dieser Leitfaden orientiert sich weitgehend an einer begrifflichen Einteilung, die sich an die schulische Korrekturtradition anlehnt.

Das Schaubild (oben) stellt die Bewertungsaspekte Rechtschreibung, Zeichensetzung und Grammatik zusammenfassend als Sprachrichtigkeit dar. Der Begriff Sprachrichtigkeit zeigt, dass es hier um eine im Gegensatz zu anderen Bewertungsaspekten eindeutige Frage geht, nämlich ob festgelegte Regeln beachtet oder missachtet werden: Schreibt eine Schülerin oder ein Schüler sprachlich korrekt? Damit wird eine Dimension der Schreibdidaktik aufgegriffen, die unter anderem im Zürcher Textanalyseraster von 1992 als *ars recte dicendi* (Kunst des richtigen Redens) und in den Basisdimensionen von Michael Becker-Mrotzek vorgeschlagen worden ist. Davon unterschieden wird hier der *sprachliche Ausdruck,* bei dem Bewertungsfragen vielschichtiger sind (→ S. 30).

2.2.1 Rechtschreibung

Als Rechtschreibung oder Orthografie wird die in einer Sprache übliche oder institutionell festgelegte Schreibung von Wörtern bezeichnet.

Man sollte sich immer bewusst machen, dass die Rechtschreibung in den wenigsten Sprachen durchgängig logisch ist und nicht immer selbst erschlossen werden kann, da sie das Produkt einer historischen Sprachentwicklung ist. Es gibt zwar Sprachen, deren Rechtschreibung recht leicht zu erlernen ist – das sind die, bei denen die Schreibung sich sehr eng an die Lautung (Phonemik) der Wörter anlehnt. Eine weitgehend phonemische Rechtschreibung weist zum Beispiel das Spanische auf. Anders ist es im Englischen, wo Lautfolge und Schriftbild voneinander abweichen und auch Inkonsequenzen aufweisen können (etwa das *ea* in *meat* und *bread*). Die deutsche Orthografie liegt irgendwo dazwischen: Sie ist einerseits phonemisch geprägt, weist aber auch eine Vielzahl von sprachgeschichtlich und sprachsytematisch bedingten Abweichungen auf (etwa *mahlen* vs. *malen*, *das* vs. *dass*, *Graf* vs. *Graph*).

Exkurs: Bedeutung der Rechtschreibung

Die Beherrschung der Rechtschreibung erfährt in unserer Gesellschaft eine hohe Anerkennung. Rechtschreibfehler in Bewerbungsanschreiben, Briefen oder in öffentlich wirksamen Texten fallen negativ auf. Allein schon daraus erwächst die Bedeutung der korrekten Rechtschreibung.

In früheren Jahrhunderten gab es keine allgemein verbindliche Rechtschreibung für die deutsche Sprache. Im Rahmen von allgemeiner Verständlichkeit und Tradition schrieb jeder Schreibende so, wie er es persönlich für richtig hielt.

Erst ab Mitte des 19. Jahrhunderts führten die einzelnen deutschen Staaten nach und nach Orthografieanweisungen für ihre Schulen ein. Diese konnten sich jedoch von Land zu Land unterscheiden. Die Vereinheitlichung wurde erst durch Konrad Duden maßgeblich vorangebracht. Seine vorgeschlagene Rechtschreibung, eine Synthese der preußischen und bayerischen Schulvorschriften, diente der 1901 einberufenen *Orthographischen Konferenz* als Vorbild. Diese schuf erstmals ein einheitliches Regelwerk, das vom damaligen Bundesrat für alle deutschen Länder verbindlich erklärt wurde. Dudens Wörterbuch wurde in den folgenden Jahrzehnten eine gewisse orthografische Autorität im deutschen Sprachraum. Da die Rechtschreibregeln nach Auffassung von Sprachwissenschaftlern Unstimmigkeiten aufwiesen, wurde 1996 eine Rechtschreibreform auf den Weg gebracht. In den Jahren 2004 bis 2006 wurde diese Reform in besonders strittigen Punkten abermals überarbeitet und der *Rat für deutsche Rechtschreibung* gegründet.

Auch im englischen Sprachraum ist die Bedeutung der Orthografie recht hoch. Hier nimmt der orthografische Teilaspekt des Buchstabierens (*spelling*) gerade in der schulischen Bildung eine große Rolle ein. Buchstabierwettbewerbe, so genannte *spelling bees*, sind vor allem an Grundschulen in den USA sehr verbreitet.

Die deutsche Rechtschreibung ist in einem 113 Paragraphen umfassenden Regelwerk mit einem Wörterverzeichnis enthalten, das der *Rat für deutsche Rechtschreibung* herausgibt. Dieser ist seit 2004 die maßgebende orthografische Instanz für den deutschen Sprachraum. Auf der Internetseite des Rates kann man sich das Regelwerk herunterladen (http://www.rechtschreibrat.com). Es ist allerdings auch in den gängigen Wörterbüchern abgedruckt.

Orthografische Fehler beziehen sich in der Schule im Wesentlichen auf die folgenden Aspekte:

- Buchstabenfolge
- Groß- und Kleinschreibung
- Worttrennung am Zeilenende

Rechtschreibfehler sind sehr formale sprachliche Fehler und in der Regel einfach zu korrigieren und zu verbessern. In Zweifelsfällen sollten Sie in einem Wörterbuch oder auf einschlägigen Internetseiten nachschlagen. Allerdings kann die Verwendung eines Computers bei der Korrektur auch ablenken (→ Kapitel 5).

Erwartungshorizont der Rechtschreibung:

> Die Schülerin / Der Schüler schreibt sprachlich richtig, indem die korrekte Schreibweise der Wörter und die Groß- und Kleinschreibung beachtet sowie Wörter richtig voneinander getrennt werden (**Rechtschreibung**).

2.2.2 Zeichensetzung

Ebenfalls sehr formale sprachliche Fehler sind Verstöße gegen die Zeichensetzungsregeln. Die Zeichensetzung oder Interpunktion ist eng mit dem Satzbau (Syntax) verbunden, da sie der Verdeutlichung syntaktischer Strukturen dient. Im Deutschunterricht wird die Zeichensetzung auch als syntaktisches Phänomen unterrichtet. Trotzdem wird sie in der schulischen Fehlerdiagnose meist getrennt von der Grammatik betrachtet.

Ähnlich wie die Rechtschreibung ist die Zeichensetzung recht einfach zu korrigieren. Im Gegensatz zu Rechtschreibfehlern aber werden falsche oder fehlende Satzzeichen bei Fehlerquantifizierungen meist nur mit einem halben Fehler berechnet.

Erwartungshorizont der Zeichensetzung:

> Die Schülerin / Der Schüler schreibt sprachlich richtig, indem die Regeln der Zeichensetzung beachtet werden.

2.2.3 Grammatik

Im Gegensatz zur weiter gefassten Verwendung in der Linguistik hat sich in der Schule die Tradition herausgebildet, unter dem Begriff Grammatik nur die Formenlehre (Morphologie) und den Satzbau (Syntax) zu verstehen.

Ein zentraler Aspekt der Formenlehre ist die Flexion, die Formveränderung eines Wortes. Es gibt die folgenden drei Kategorien der Flexion mit bestimmten grammatischen Merkmalen:

- Deklination von Nomen (Substantiven, Adjektiven etc.):
  Genus, Numerus, Kasus
- Konjugation von Verben:
  Person, Numerus, Modus, Tempus, Genus verbi
- Komparation von Adjektiven und einigen Adverbien

Meist wird die Flexion durch eine Änderung der angehängten Wortendung, dem Affix, realisiert (geh-e, geh-st, geh-t). In einigen Fällen wird ein Wort aber auch mittels Vokalwechsels (Ablaut, Umlaut) flektiert (gehst, gingst). Der zweite Fall wird oft als „unregelmäßig" gekennzeichnet und stellt für Nichtmuttersprachler eine größere Schwierigkeit dar. Die folgenden beiden Fehlerbeispiele veranschaulichen beide Flexionsformen:

- Fehler bei der Deklination (Genusbildung mittels Affix):
  die Krone einer Baum
  → *statt richtig:* die Krone eines Baums

- Fehler bei der Konjugation (Tempusbildung mittels Vokalwechsels):
  er stiehlte den Wagen
  → *statt richtig:* er stahl den Wagen

Flexionen sind allerdings nicht isoliert zu betrachten, denn sie werden erst im Kontext eines Satzes wirksam. Vor allem Genus, Numerus und Kasus müssen nach bestimmten Regeln übereinstimmend (kongruent) verwendet werden. So ist der Verstoß gegen die grammatische Kongruenz der wohl häufigste Grammatikfehler in Schülertexten. Das folgende Beispiel enthält eine falsche Kongruenz hinsichtlich des Numerus:

Morgen kommt meine Tante und ihr neuer Mann zu Besuch.
→ *statt richtig:* Morgen kommen meine Tante und ihr neuer Mann zu Besuch.

Eine besondere Schwierigkeit der Kongruenz im Deutschen ist die *Nominalgruppenflexion*, bei der aufeinanderfolgende Adjektive oder Possessivpronomen unterschiedliche Endungen erhalten:

Die schmale Garage passt nicht zu ihrem breitem Auto.
→ *statt richtig:* Die schmale Garage passt nicht zu ihrem breiten Auto.

Neben falschen Flexionsendungen gelten auch *falsche Artikel* und *Pronomen* als Grammatikfehler, denn sie unterscheiden sich aufgrund eines grammatischen Merkmals: Der Unterschied zwischen den Artikeln *der*, *die* und *das* oder zwischen den Pronomen *sein*, *ihr* und *sein* manifestiert sich durch das Genus. Ein Artikel oder ein Pronomen mit einem dem Substantiv nicht entsprechenden Genus ist daher als Grammatikfehler zu werten:

die Mädchen
→ *statt richtig:* das Mädchen

Das Mädchen nahm ihren Rucksack mit.
→ *statt richtig:* Das Mädchen nahm seinen Rucksack mit.

Bei der Wahl von genuskongruenten Artikeln und Pronomen liegt auch eine häufige Fehlerquelle beim Erlernen von Deutsch als Fremdsprache. In Abgrenzung dazu ist aber zum Beispiel eine falsch verwendete Präposition als semantischer Fehler zu werten, denn der Austausch einer Präposition kann die Bedeutung einer Aussage vollständig verändern. Wird also ein Wort eingesetzt, das eine gänzlich andere Bedeutung hat, handelt es sich im schulischen Kontext um ein Phänomen der Wortwahl (→ S. 33).

Wie eingangs bereits erwähnt, ist der zweite Grammatikaspekt der Satzbau. Satzbaufehler können sich auf folgende Fehlermerkmale beziehen:

- syntaktische Unvollständigkeit:
  Das ⌜ nicht schön.
  → *statt richtig:* Das ist nicht schön.

- Wortdopplungen:
  Ich habe habe Blumen gepflanzt.
  → *statt richtig:* Ich habe Blumen gepflanzt.

- falsche Wortstellung:
  Ich Blumen habe gepflanzt.
  → *statt richtig:* Ich habe Blumen gepflanzt.

- fehlende Satzgrenze:
  Ich habe Blumen gepflanzt morgen werde ich sie gießen.
  → *statt richtig:* Ich habe Blumen gepflanzt. Morgen werde ich sie gießen.

Ebenfalls der Grammatik kann die richtige Zeitenfolge zugeordnet werden, also der unterschiedliche Tempusgebrauch bei Zeitverhältnissen im Haupt- und Nebensatz (Gleichzeitigkeit, Vorzeitigkeit und Nachzeitigkeit). Beispielsweise wird in einem im Präteritum verfassten Text die Vorzeitigkeit im Plusquamperfekt ausgedrückt:

Nachdem ich den Versuch vorbereitet hatte, führte ich ihn durch.

Manche Lehrkräfte verwenden bei der falschen Zeitenfolge eine eigene Fehlerkategorie (Tempus), was durchaus möglich, aber nicht unbedingt notwendig ist.

Exkurs: Zweifelsfall: „das" oder „dass"?

Die falsche Verwendung der gleichlautenden Wörter *das* und *dass* wird von Lehrkräften ganz unterschiedlichen sprachlichen Fehlerkategorien zugeordnet. Viele werten diese als Grammatikfehler, da die Unterscheidung syntaktisches Wissen voraussetzt: Was Wort *das* kann ein bestimmter Artikel, ein Demonstrativ- oder Relativpronomen sein; die Konjunktion *dass* hingegen leitet einen Nebensatz ein (Konsekutivsatz, Finalsatz, Inhaltssatz).
Andere Kollegen sehen die Schreibung als maßgebend an und werten die falsche Verwendung von *das* und *dass* generell als Rechtschreibfehler. Manche Kollegen wiederum ordnen den Fehler sogar der Wortwahl zu, da hier zwar gleichlautende, aber semantisch unterschiedliche Wörter verwechselt werden.
Die jeweilige Zuordnung sollte immer didaktisch begründbar sein. Wichtig ist auch, dass Sie bei der Fehlerwertung auf jeden Fall konsequent bei einer Zuordnung bleiben.

Alle grammatikalischen Anforderungen müssen im Deutschunterricht der Sekundarstufe I erlernt und eingeübt werden. In der gymnasialen Oberstufe sind sie vorausgesetzte Anforderungen, die zwar wiederholt, aber nicht explizit erlernt werden müssen. An dieser Stelle kann nicht auf die grammatikalischen Besonderheiten der einzelnen Fremdsprachen eingegangen werden. Das würde den Rahmen dieses Leitfadens sprengen. Diese aber sind essentielle Kompetenzen des Fremdsprachenunterrichts und so spezifisch, dass diese im Wesentlichen von Fremdsprachenlehrern beherrscht werden sollten.

Die Schülerin/Der Schüler schreibt sprachlich richtig, indem
- Wörter korrekt und kongruent **flektiert** werden.
- genuskongruente **Artikel** und **Pronomen** eingesetzt werden.
- **vollständige Sätze**, **ohne Wortdopplungen** und falsche **Wortstellung** gebildet und diese voneinander abgegrenzt werden (**Satzgrenze**).
- die **Zeitenfolge** in Haupt- und Nebensatz beachtet wird.

2.2.4 Ausdruck

Wahrscheinlich ist vielen noch aus der eigenen Schulzeit bewusst, was unter dem Begriff „Ausdruck" zu verstehen ist. Aber wenn man versucht, diese Fehlerkategorie genauer einzugrenzen, wirkt sie plötzlich diffus und nicht mehr klar definiert. Selbst erfahrene Lehrkräfte und auch die Schulbehörden sind sich nicht immer einig, welche Fehler durch diesen Begriff abgedeckt werden. Dabei ist dies eine nicht zu unterschätzende Kategorie zur Beurteilung des Schreibvermögens. Die folgende Darstellung bezieht sich auf alle für die Korrektur relevanten Phänomene des sprachlichen Ausdrucks.

Was ist unter Ausdruck zu verstehen? Der Begriff „Ausdruck" wird oft für eine nicht näher bestimmte sprachliche Einheit, also für Wörter, Wortfolgen oder sogar ganze Sätze verwendet. In der Sprachwissenschaft bezieht er sich auf weitere, recht unterschiedliche Phänomene. Bei der Korrektur von Schülertexten wird der Begriff dazu verwendet, bestimmte Fehlerarten zusammenzufassen: *Ausdruck* bezeichnet eine Sammelkategorie *semantischer* und *textsortenspezifischer* Anforderungen und Fehlerarten.

Die Semantik bezieht sich auf die *Bedeutung von Sprache*. Durch die semantische Korrektheit soll ein Text *verständlich* oder auch *eindeutig* werden. Missverständnisse und Mehrdeutigkeiten sollen vermieden werden. Die Leser sollen genau das verstehen, was die oder der Schreibende meint.

Der andere Aspekt des Ausdrucks bezieht sich auf die jeweils verlangte Textsorte. Diese bestimmt, welche textsortenspezifischen Konventionen verlangt werden, um einem bestimmten Kontext gerecht zu werden. Da die verlangte Textsorte variieren kann, sind textsortenspezifische Anforderungen an Schülertexte immer relativ: Ein Märchen stellt andere Anforderungen als zum Beispiel eine Sachtextanalyse oder eine wissenschaftliche Darstellung.

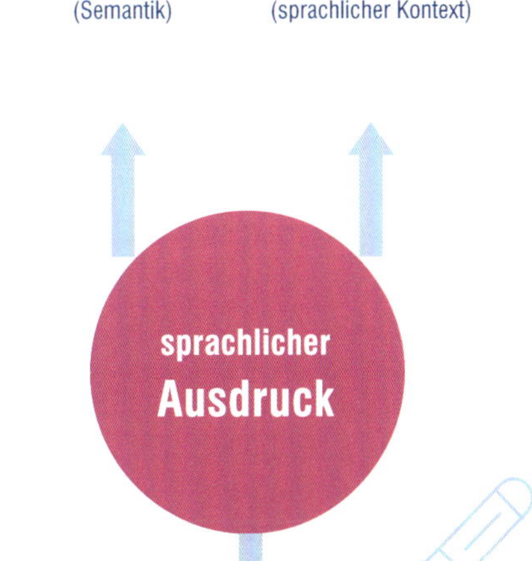

Der sprachliche Ausdruck sollte gegenüber Rechtschreibung und Grammatik nicht vernachlässigt werden, denn nur durch diese Fehlerkategorie ist zu beurteilen, ob jemand gelernt hat, nicht nur eindeutig, sondern auch kontextangemessen zu schreiben.

Es bietet sich an, die Sammelkategorie *Ausdruck* in vier Teilbereiche aufzuschlüsseln, um genauer zu erläutern, welche Anforderungen und Fehlerarten sie umfasst, nämlich den *Wortschatz* (Lexik), die *Phraseologie* (Kollokation und Idiomatik), die *Stilistik* und die *Modalität*. Zwischen diesen Bereichen gibt es Überschneidungen und fließende Übergänge.

Wortschatz (Lexik)

Das Deutsche ist eine sehr präzise und bedeutungsdifferenzierende (distinktive) Sprache. Das verlangt einen gewissen semantisch-lexikalischen Anspruch.

Lexikalische Fehler zeugen davon, dass jemand das Vokabular, also den Wortschatz einer Sprache, nicht beherrscht. Das äußert sich darin, dass er die Bedeutung von Wörtern vertauscht oder schlichtweg bestimmte Wörter nicht kennt. Solche Fehler sind für die meisten Lehrkräfte recht einfach zu erkennen: Eine Schülerin oder ein Schüler hat ein in Bezug auf die Bedeutung unpassendes Wort gewählt, sodass der Sinn eines Satzes oder auch eines größeren inhaltlichen Zusammenhangs nicht mehr zu verstehen ist. Wortfehler lassen sich durch das Einsetzen des richtigen Wortes anstelle des falschen korrigieren:

Er hat sich geschluckt.
→ *statt:* Er hat sich verschluckt.

Ein besonderer lexikalischer Fehler, der häufig auftritt, ist die Steigerung von *absoluten Adjektiven wie tot, schwanger, dreieckig, einzig oder optimal. Die* Steigerung ist semantisch gar nicht möglich, da die entsprechende Eigenschaft nicht variieren kann. Ein Mensch kann *tot* sein, aber nicht *toter* als andere, eine Form kann *quadratisch* sein, aber nicht *quadratischer* als eine andere.

Feste Wortverbindungen (Phraseologie)
In gängigen Lexika werden in der Regel nur isolierte Wörter angegeben. Feste semantische Wortverbindungen findet man dort nur selten, was vor allem für diejenigen problematisch ist, die Deutsch als Fremd- und Zweitsprache erlernen. Falsche Wortverbindungen verursachen bei Kindern, die zuhause kein oder nur wenig Deutsch sprechen, häufig vorkommende Ausdrucksfehler, genau genommen phraseologische Fehler.

Feste Wortverbindungen können aus zwei oder mehr Wörtern bestehen, ergeben nur in einer entsprechenden Kombination Sinn und können in anderer Kombination ihre Bedeutung verlieren oder verändern. Sie treten also als semantische Einheiten auf. In der Linguistik beschäftigt sich damit die Teildisziplin der *Phraseologie*:

sich in Schale werfen – im Großen und Ganzen – ein Bad nehmen

Die spezifische Bedeutung fester Wortverbindungen erschließt sich vor allem im Vergleich mit anderen Sprachen. Während man im Deutschen beispielsweise „in" den Urlaub „fährt", „geht" man im Englischen „auf" ihn *(to go on holidays)*. Während es im Deutschen „Bindfäden" regnet, regnet es im Englischen „Katzen und Hunde" *(it is raining cats and dogs)*.

Feste Wortverbindungen gibt es als Kollokationen und als Idiome. Wenn die Bedeutung einer solchen Wortverbindung aus ihren einzelnen Bestandteilen heraus zu erschließen ist, bezeichnet man sie als Kollokation. Ein Beispiel für eine Kollokation ist der Ausdruck *öffentliche Meinung*, dessen Gesamtbedeutung sowohl aus dem Adjektiv als auch dem Substantiv erkennbar ist. Tauscht man eines der beiden Wörter aus, wird die semantische Einheit aufgelöst. Die neu gebildeten Verbindungen, zum Beispiel *allgemeine Meinung* oder *öffentliche Ansicht*, sind unüblich und weisen nicht die für die Kollokation spezifische Bedeutung auf.

Häufig kommen im Deutschen Substantiv-Verb-Kollokationen vor. Sie enthalten ein Substantiv, das aus einem Verb nominalisiert wurde (z. B. *Entscheidung*), und ein entsprechendes Verb. Mit diesem Verb kann eine Handlung differenziert werden, beispielsweise *eine Entscheidung treffen* oder *eine Entscheidung heraufbeschwören*. An diesem Beispiel sieht man gut, dass der Austausch des Verbs die Bedeutung verändert. Gänzlich falsch wäre es auch, statt eine Entscheidung zu *treffen* eine Entscheidung *anzufertigen* oder zu *tun*. So wird klar, dass nur bestimmte Kombinationen möglich sind. Andere wirken eher unpassend. Man spricht in diesem Zusammenhang auch von der Kollokation als semantischer Verträglichkeit von Wörtern (Kompatibilität).

Inkompatible Wortverbindungen sind als phraseologische Ausdrucksfehler zu werten. Dazu zählen zum Beispiel auch falsche Präpositionen. Ebenso inkompatibel und dementsprechend fehlerhaft ist eine *lexikalische Dopplung* wie „eine Entscheidung entscheiden".

Ähnlich wie eine Kollokation „funktioniert" ein Idiom. Im Gegensatz zur Kollokation ist es jedoch nicht möglich, die Bedeutung eines Idioms aus seinen einzelnen Bestandteilen heraus zu erkennen. Ein Idiom ist metaphorisch zu verstehen und kann daher auch nicht immer Wort für Wort in eine andere Sprache übersetzt werden (z. B. *schwacher Punkt*), es sei denn, dass man sich auf die gleiche kulturelle Vorlage stützt (z. B. *es dämmert mir – it dawns on me*).

Die Abgrenzung von Kollokationen und Idiomen ist fließend. Daher bezeichnen einige Linguisten Kollokationen als schwach idiomatische Wortverbindungen. Aufgrund der fehlenden Trennschärfe beider Begriffe ist es nicht immer eindeutig, um was es sich genau handelt. Für die Korrektur ist diese Differenzierung nicht immer von Belang. Wichtig ist vielmehr, phraseologische Fehler zu erkennen und einzuordnen.

Kollokationen und Idiome werden wie einzelne Wörter auswendig gelernt, was Muttersprachler in der Regel unbewusst tun. Deshalb ist es für Lehrkräfte auch ziemlich schwierig, Schülern einen bestimmten phraseologischen Fehler zu erklären.

Feste Wortverbindungen werden auch als semantische Einheit wahrgenommen. Gerade daher kann es passieren, dass die auditive Fehlwahrnehmung einen Fehler verursachen und verfestigen kann, da eine Selbstkorrektur kaum möglich ist: So könnte z. B. bei der Kollokation *von Kind auf* („von Kindheit an") die Postposition *auf* phonetisch verwechselt werden und als „von Kind aus" verstanden und wiedergegeben werden.

Der Duden hat ein sogenanntes *Stilwörterbuch* herausgegeben, in dem typische Wortverbindungen und Redensarten nachgeschlagen werden können. Ein anderes Wörterbuch speziell für Kollokationen haben schweizerische Wissenschaftler erstellt. Diese Verzeichnisse eignen sich auch für fortgeschrittene Lernende des *Deutschen als Fremdsprache*.[11]

Stilistik

Kontextangemessenheit wird vor allem durch den Schreibstil realisiert (Stilistik). Dieser ist immer von der jeweiligen Textsorte abhängig. Beim Erkennen stilistischer Fehler geht es also explizit darum, was der Textsorte angemessen, also textsortenspezifisch ist und was nicht.

Die Schule befindet sich mit der Wissenschaft, der Literatur und dem Qualitätsjournalismus auf einer kontextuellen Ebene. Das bedeutet, dass in allen diesen gesellschaftlichen Bereichen ein möglichst gehobener Schreibstil gefordert wird, denn sie alle sind Teil des gesellschaftlichen Bildungsdiskurses. Durch die Verwendung eines gehobenen Schreibstils sollen die Schüler dazu befähigt werden, am gesellschaftlichen, politischen und wissenschaftlichen Diskurs aktiv teilzunehmen.

In fast allen Fächern der gymnasialen Oberstufe werden von den Schülern *Sachtexte* erwartet, die vor allem informierend und argumentativ sind. Das können zum Beispiel fachliche Darstellungen, Textanalysen oder Argumentationen sein. Diese verlangen einen sachlich-neutralen Schreibstil. Verstöße gegen diesen Stil sind dem Kontext nicht angemessen und dementsprechend als Ausdrucksfehler zu werten.

Exkurs: Sachlich-neutraler Schreibstil

Beim sachlich-neutralen Schreibstil geht es zum einen darum, sachlich, also möglichst nüchtern und emotionslos zu schreiben. Zum anderen geht es darum, einen neutralen Standpunkt einzunehmen, also nicht parteiisch oder gegenüber jemandem voreingenommen zu schreiben. Die lateinische Redewendung „sine ira et studio“ („ohne Zorn und Eifer“), die vom römischen Historiografen Tacitus abgeleitet worden ist, soll diesen Schreibstil kennzeichnen. Tacitus selbst aber hielt sich an diesen Grundsatz in seinen Werken nur selten.

Der sachlich-neutrale Schreibstil ist vor allem bei Schülern der Unterstufe (Klassen 5 und 6) noch nicht voll entwickelt. Diese neigen oftmals zu einem von der Umgangssprache und Kinder- und Jugendbüchern geprägten expressiven Schreibstil. Das berücksichtigt auch der Deutschunterricht der Unterstufe, insofern als dort das Verfassen fiktionaler Texte wie Fantasiegeschichten eine größere Rolle einnimmt.

Erst im Laufe ihrer Schullaufbahn entwickeln die Schüler den in der Oberstufe geforderten gehobenen bzw. sachlich-neutralen Schreibstil. Auf diesen konzentriert sich dieser Leitfaden, da er im Deutschunterricht der Sekundarstufe I erlernt wird und in allen Fächern der gymnasialen Oberstufe verlangt wird.

Um besser verstehen zu können, worum es beim Schreibstil geht, werden im Folgenden voneinander verschiedene Aspekte der Stilistik getrennt erläutert: die Wahl der Sprachebene, die Vermeidung bestimmter Stilmittel und herabwürdigender Bezeichnungen, die Variabilität, der Satzstil und die Wahl des textsortengerechten *Tempus*.

Schriftsprache. Eine wichtige Anforderung an fachliche Darstellungen oder Textanalysen ist die Verwendung einer gehobenen Sprachebene, der Schriftsprache. Diese unterscheidet sich von der *Umgangssprache*.

In der Umgangssprache, die vorrangig in der informellen Kommunikation angewandt wird, verwenden wir viele Wörter, die weit weniger genau, differenzierend und überlegt sind als in der Schriftsprache. Solche Ungenauigkeiten und lexikalischen Nachlässigkeiten können aber in der mündlichen Kommunikation durch Intonation, Gestik und Mimik ausgeglichen werden. In der umgangssprachlichen Digitalkommunikation (E-Mails oder Kurznachrichten) erfolgt dieser Ausgleich durch *Emoticons* und *Emojis* (*Smileys* etc.). Zudem bedient sich die Umgangssprache oft regional begrenzter Begriffe (z. B. aus früheren Dialekten) und aus Modewörtern, die der aktuellen Jugendsprache entlehnt werden. Solche Wörter können schnell wieder aus der Mode geraten. Ihre Verwendung ist also zeitlich begrenzt.

Die Schriftsprache, also die geschriebene und gehobene Standardvarietät einer Sprache, unterliegt hingegen festen Normen, da sie überregional, über einen längeren Zeitraum und unabhängig von der mündlichen Kommunikation funktionieren muss. Sie ist deshalb auch weit weniger flexibel und verändert sich deutlich langsamer als die Umgangssprache. Die Schule hat die Aufgabe, diese Standardvarietät zu vermitteln und ihr Erlernen zu überprüfen.

Fehlerbeispiele:

Der Autor hat eine total tolle Idee dargelegt.
→ Der Autor hat eine durchdachte und begründete Idee dargelegt.

Ihre These ist schon okay, aber ...
→ Ihre These scheint plausibel, aber ...

Offenbar hat er die Rede nicht vollständig mitgekriegt.
→ Offenbar hat er die Rede nicht mehr vollständig hören/aufnehmen/wahrnehmen können.

Nicht in allen Fällen ist die Trennung beider Sprachebenen eindeutig, was manchmal Anlass zur Diskussion mit Schülern geben kann. So ist es mittlerweile nicht mehr eindeutig, ob Verben wie *kriegen*, *klauen* oder *schmeißen* als umgangssprachlich zu werten sind. Noch vor wenigen Jahrzehnten waren Lehrer bei der Abgrenzung von Schrift- und Umgangssprache strenger.[12]

Die Bewertung von Umgangssprache kann im Deutschunterricht der Sekundarstufe I bei bestimmten Aufgabenstellungen durchaus anders gehandhabt werden. So kann es in fiktionalen Texten als kreativ gelten, mit umgangssprachlichen Wendungen zu „spielen". Das aber hängt dann immer von den Anforderungen der jeweiligen Textsorte ab. Für jede Klassenarbeit müssen daher je nach Textsorte spezifische Anforderungen festgelegt und mit den Schülern im Unterricht erarbeitet werden.

Wenn zum Beispiel in einer Aufgabe von den Schülern verlangt wird, sich in die Lage eines Jugendlichen zu versetzen und aus dessen Sicht den Ablauf eines Unfalls zu schildern, dann geht daraus nicht eindeutig hervor, dass keine Umgangssprache verwendet werden darf. Ein Jugendlicher würde in der Realität auch der Polizei gegenüber einen erlebten Unfall umgangssprachlich schildern. Die Sprachebene muss also explizit festgelegt und als Lernziel definiert werden.[13]

Der Gebrauch der Schriftsprache kann durch eine fachspezifische Terminologie ergänzt werden. Die einzelnen Fächer vermitteln ihre jeweilige Fachsprache und überprüfen ihren Gebrauch in den Klausuren. Nicht immer wird daher eine fehlende oder falsche Verwendung von Fachbegriffen der Ausdruckskategorie, sondern in einigen Fällen der inhaltlichen Fehlerebene zugeordnet (→ S. 19f., *Inhaltliche Genauigkeit und Vollständigkeit*).

Vermeidung bestimmter Stilmittel. Ein fester Bestandteil der Textanalyse ist die Bewertung und Beurteilung fremder Aussagen (Urteilskompetenz). Diese muss aber immer auf inhaltlicher Ebene erfolgen, also orientiert an fachlichen oder ethischen Maßstäben. Allerdings neigen einige Schüler dazu, auf bestimmte Aussagen mit unsachlich wirkenden Stilmitteln zu reagieren, beispielsweise um ihrer Empörung über etwas Ausdruck zu verleihen. Das aber ist ein Verstoß gegen die Stilistik.

Ein sachlich neutraler Schreibstil wird im Grunde dadurch erreicht, dass bestimmte, unsachlich wirkende Stilmittel vermieden werden. Solche Stilmittel können Ausrufe jeglicher Art (Exclamatio), zustimmende Ausrufe (Akklamation), scharfe, persönliche Angriffe ohne Argumente (Polemik), Spott, Ironie, Scheinfragen (rhetorische Frage) oder Übertreibungen (Hyperbel) sein. Stilmittel dieser Art sind eher der Satire angemessen.

Nicht immer ist es für eine korrigierende Lehrkraft leicht, einen stilistischen Fehler von einem inhaltlichen zu unterscheiden. In einem solchen Fall hilft es, sich nochmals bewusst zu machen, dass es bei einem Ausdrucksfehler nicht um den Inhalt einer Äußerung geht, sondern um die Art und Weise, wie diese formuliert ist.

Fehlerbeispiele:

Was für ein Blödsinn! *(Exclamatio)*
→ Diese Aussage erscheint nicht nachvollziehbar.

Richtig so! *(Akklamation)*
→ Dieser Aussage kann durchaus zugestimmt werden, denn ...

Solch eine absurde These kann auch nur ein total unfähiger Wissenschaftler von sich geben. *(Polemik)*
→ Durch diverse Verstöße gegen die Prinzipien des wissenschaftlichen Arbeitens hat sich X selbst in Misskredit gebracht. Auch die vorliegende These scheint das Resultat unsauberer Methoden zu sein, denn ...

Der hat ja sein Leben selbst nicht im Griff gehabt und die Gesellschaft will er nun belehren. *(Spott)*
→ Auffallend ist die Diskrepanz von Xs Aussagen zur Gesellschaft und seiner eigenen Lebensführung. Beide widersprechen sich.

Das ist aber eine hübsche These, die der Autor da von sich gibt. Sie ist überhaupt nicht nachvollziehbar. *(Ironie) – nicht notwendige Äußerung, wenn danach eine Begründung erfolgt*

Ist das sein Ernst, so etwas zu behaupten? *(rhetorische Frage) – nicht notwendige Äußerung, wenn danach eine Begründung erfolgt*

Der Roman ist unglaublich lang und ausschweifend.
(Hyperbel)
→ Der Roman ist im Vergleich zu anderen zeitgenössischen Werken recht lang und ausschweifend.

Vermeidung herabwürdigender Bezeichnungen. Gleichermaßen wie die Vermeidung unsachlicher Stilmittel ist es einem informierenden und argumentativen Text angemessen, herabwürdigende und negativ konnotierte Bezeichnungen, sogenannte *Pejorativa*, zu vermeiden. Darunter sind solche zu verstehen, die gegenüber bestimmten Gruppen *Vorurteile*, *Stereotypen*, *Klischees*, *Verachtung* oder *Abwertung* konnotieren (gruppenbezogene Menschenfeindlichkeit). Beispiele sind etwa *Penner* für *Obdachloser*, *Tussi* für *Frau* oder *Zigeuner* für *Sinti und Roma*. Ebenso fallen darunter Ableitungen und Komposita wie *Negerkuss* oder *Mohrenkopf* für *Schokokuss* oder Verballhornungen wie *Katholen* für *Katholiken*. Auch wenn manche Begriffe früher oft unüberlegt benutzt wurden, rechtfertigt das nicht ihre gegenwärtige Verwendung in sachlichen Texten. Sie sind dem Kontext unangemessen und daher als Ausdrucksfehler zu bewerten.

Die meisten Schüler haben dahingehend bereits eine gewisse Sensibilität herausgebildet, vor allem in multikulturell geprägten Schulen, sodass solche Ausdrucksfehler recht rar sind.

Zur Vermeidung herabwürdigender Bezeichnungen wird auch oft das sogenannte *Gendern* gefordert, das Bemühen um eine geschlechtergerechte Sprache. Diese soll unter anderem durch eine Vermeidung des generischen Maskulinums realisiert werden. In der Sprachwissenschaft gibt es dazu jedoch unterschiedliche Standpunkte und der *Rat für deutsche Rechtschreibung* hält sich mit Vorgaben und Empfehlungen diesbezüglich zurück. Daher kann die Vermeidung des generischen Maskulinums keine verpflichtende Anforderung an einen Schülertext sein und nicht in die Bewertung des Ausdrucks eingehen.

Variabilität in Wortwahl und Satzbau. Wenn ein Schüler in einem Text durchgehend dieselben Wörter verwendet und die Sätze immer gleich konstruiert, dann wirkt das auf Leser recht unbeholfen. Man kann den Eindruck gewinnen, dass der Schreibende keine Variationen beherrscht und sein Wortschatz eingeschränkt ist, er also *unflexibel* schreibt.

Ein Qualitätsmerkmal anspruchsvoller oder zumindest sprachlich eleganter Texte ist deren Abwechslungsreichtum. So ist auch die Variabilität in der Wortwahl und im Satzbau eine wesentliche Anforderung an den Schreibstil.

Variabilität kann schon erreicht werden, wenn ein Substantiv im Folgesatz durch ein Synonym oder Pronomen ersetzt wird oder wenn Konjunktionen (z.B. *dann, danach, anschließend, sogleich, später*) mehrmals ausgetauscht werden. Auch die Veränderung der Satzstellung kann einen Text abwechslungsreicher gestalten, was das folgende Beispiel verdeutlicht:

Der Autor behauptet, dass Sprache ein komplexes System sei. Dann behauptet der Autor, dass viele Menschen nicht verstehen, wie komplex das System Sprache sei. Dann schreibt der Autor, dass …
→ Der Autor behauptet, dass Sprache ein komplexes System sei. Dann legt er dar, dass diese Komplexität für viele Menschen unverständlich sei. Sprache müsse, so X, …

Als korrigierende Lehrkraft kann man hier die einzelnen, sich wiederholenden Wörter und Konstruktionen kennzeichnen oder aber – was die Sache vereinfacht – die gesamte Textpassage am Rand als Ausdrucksfehler markieren.

Manche Lehrkräfte halten ihre Schüler zu einem Verbalstil an, also zu Satzkonstruktionen, die relativ viele Verben (und damit mehr Nebensätze) enthalten. Dieser Stil gilt als lebendiger, weil Handelnde und Handlungen benannt werden – allerdings auch als weniger prägnant. Es gibt jedoch auch die Auffassung, dass Schüler den Nominalstil verwenden sollten, der durch eine Häufung von Nomen gekennzeichnet ist, denn dieser ist in wissenschaftlichen Texten üblich und gilt als kürzer und gehaltvoller:

Er konnte nicht kommen, weil er einen wichtigen Termin hatte. *(Verbalstil)*

Er konnte wegen eines wichtigen Termins nicht kommen. *(Nominalstil)*

Als Fehler sollten Sie weder das eine noch das andere kennzeichnen. Achten Sie vielmehr auf Variabilität im Satzbau. Stilistisch von Bedeutung ist, dass der Text nicht eintönig wirkt.

Klarer Satzbau. Viele Schüler neigen dazu, sehr lange, oft mehrere Zeilen überschreitende Sätze zu bilden *(„Bandwurmsätze“)*. Manchmal ist bei diesen Satzkonstruktionen der Hauptsatz durch Einschübe (Nebensätze, Appositionen) so *zerstückelt*, dass dessen Aussage nicht mehr auf Anhieb zu erkennen ist. Die Gefahr bei zu komplexen hypotaktischen Sätzen besteht darin, dass einzelne Bezüge oft nicht mehr klar und in manchen Fällen auch missverständlich erscheinen können:

Auf Bildern, die von Satelliten aus dem All gemacht werden, weisen die Ozeane keinen einheitlichen Blauton auf, sondern sind je nach Region unterschiedlich blau oder auch grün, was durch das Phytoplankton, eine Ansammlung von im Wasser lebenden Organismen, vor allem Algenarten, darunter vor allem Kieselalgen, Grünalgen und Goldalgen, deren Schwimmrichtung von den Wasserströmungen vorgegeben wird, die in unterschiedlicher Konzentration im Meer vorkommt und damit entscheidend dessen Färbung beeinflusst, verursacht wird.

Solche Sätze stellen für die korrigierende Lehrkraft, aber auch für alle anderen Leser eine Herausforderung dar, denn sie verkomplizieren den Verstehensprozess enorm. Insofern kann ein umständlicher Satzbau als stilistischer Mangel betrachtet werden, auch wenn kein Grammatikfehler vorliegt. Allerdings gehen hier die Meinungen auseinander, sodass die Bewertung letztlich im Ermessen der jeweiligen Lehrkraft liegt. Zu bedenken ist in jedem Fall, dass die stilistischen Anforderungen an den Satzbau den Schülern bekannt sein müssen.

Wahl des textsortengerechten Tempus. Die falsche Bildung einer Tempusform oder der falsche Tempuseinsatz bei Vor- und Nachzeitigkeiten sind eindeutig Grammatikfehler. Das Tempus kann aber auch beim Schreibstil eine Rolle spielen. So erfordert eine bestimmte Textsorte in der Regel ein spezifisches Tempus. Während das Präteritum als Erzählzeit fiktionaler Texte sehr verbreitet ist, beispielsweise in Märchen oder Fabeln, ist bei der Text-, Bild- oder Gegenstandsanalyse explizit das Präsens erforderlich. Die Darstellung historischer Zusammenhänge verlangt wiederum das Präteritum. Solche unterschiedlichen kontextbedingten Anforderungen müssen Schüler erlernen und ein Verstoß dagegen sollte deshalb auch als Ausdrucksfehler gewertet werden.

Der Autor schrieb, dass Sprache ein komplexes System sei. Er ging aber davon aus, dass viele Menschen diese Komplexität nicht erfassen können.

Wenn eine Schülerin oder ein Schüler einen Text konsequent im falschen Tempus wiedergibt, kann man als korrigierende Lehrkraft eine generelle Randbemerkung einfügen und es sich ersparen, jede einzelne Verbform zu markieren.

Persönliche Zurückhaltung. Schüler neigen zunehmend dazu, sich persönlich in Texten sichtbar zu machen:

Im Folgenden werde ich ...
Dieser Behauptung widerspreche ich, da ...
Ich komme zu dem Ergebnis, dass ...
Ich finde das Gedicht gelungen, da ...

Dieses Verlangen entspricht einem Trend, der aus den USA stammt und auch in deutschen journalistischen und wissenschaftlichen Texten allmählich Einzug erhält. Traditionell aber wird die 1. Person Singular in wissenschaftlichen und schulischen Texten vermieden, um dem Eindruck von Subjektivität und Selbstdarstellung zu entgehen und die Sache bzw. den Erkenntnisgewinn in den Vordergrund zu stellen. Deshalb behilft man sich mit dem *Passiv*:

Im Folgenden soll ... erörtert werden ...
Dieser Behauptung ist dahingehend zu widersprechen, dass ...
Zusammenfassend lässt sich feststellen, dass ...
Das Gedicht kann durchaus als gelungen bezeichnet werden, denn ...

Passivkonstruktionen gelten als stilistisch angemessen. Dennoch sind Ich-Konstruktionen nicht generell falsch. Am besten ist es, den Schülern zu vermitteln, dass sie die erste Person Singular nur sehr sparsam in ihre Texte einbringen, sie sich also persönlich zurückhalten sollen. Auch hier gilt, dass die Bewertung letztlich im Ermessen der jeweiligen Lehrkraft liegt und den Schülern die Anforderungen transparent im Voraus vermittelt werden müssen.

Schreibstil als Indikator für Täuschung. Jede Schülerin und jeder Schüler hat einen eigenen Schreibstil. Das wird man als Lehrkraft sehr schnell merken. Nur in wenigen Fällen entspricht dieser Schreibstil bereits demjenigen von erfahrenen Wissenschaftlern und Qualitätsjournalisten.

Eine plötzliche Änderung des Schreibstils innerhalb einer Arbeit kann ein Anhaltspunkt sein, ob ein Schüler oder eine Schülerin versucht hat, zu täuschen. Der abrupte Stilbruch kann auf eine verdeckte Benutzung des Smartphones und das Abschreiben entsprechender Textpassagen aus dem Internet hinweisen oder darauf, dass Textteile Wort für Wort auswendig gelernt wurden (Plagiat).

Modalität

Im wissenschaftlichen oder politischen Diskurs verbreitete Standpunkte, Thesen und Theorien sind oft Gegenentwürfe zu anderen Standpunkten, Thesen und Theorien. Bei der Wiedergabe wissenschaftlicher oder politischer Aussagen müssen sie als eine *Möglichkeit* unter mehreren und nicht als unangreifbare „Wahrheit" dargestellt werden. Das ist ein Grundsatz im Kontext der Bildungsinstitution Schule und so auch in Textanalysen.

Im Deutschen gibt es sprachliche Mittel, um zwischen der Tatsächlichkeit und der Möglichkeit einer Aussage zu unterscheiden. Dieser Bedeutungsunterschied verweist auf die Modalität, also die Art und Weise, wie jemand seine Einstellung zum Inhalt einer Aussage zum Ausdruck bringt. Realisiert wird die Veränderung der Modalität entweder durch den Modus (Indikativ oder Konjunktiv) oder Modaladverbien.

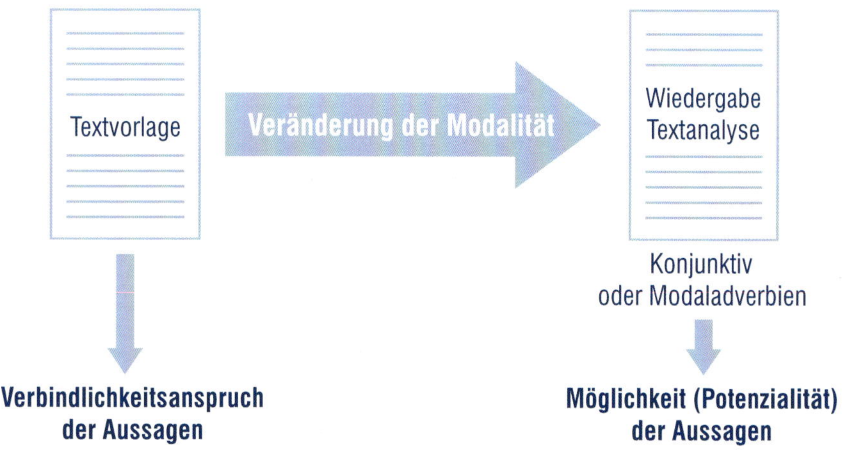

Aus fremden Texten übernommene Aussagen sollten durch die indirekte Rede wiedergegeben werden. Dabei kann die Wiedergabe wortgenau oder verkürzt erfolgen. Meist wird die verkürzte Wiedergabe von den Schülern erwartet, was anspruchsvoller ist als einen Text Wort für Wort in die indirekte Rede umzuformulieren (→ S. 20).

Wenn die indirekte Rede durch ein Verb der Mitteilung bzw. eine Inquit-Formel eingeleitet wird (z. B. *sie schreibt; er behauptet*), ist es kein grammatikalischer Fehler, sie in den Indikativ zu setzen. Allerdings übernimmt man dann deren Verbindlichkeitsanspruch. Wenn wir die wiedergegebene Aussage aber als eine Möglichkeit unter mehreren darstellen wollen, was der Kontext (Textsorte) verlangt, dann ist der Konjunktiv erforderlich. Der Indikativ kann hier also durchaus als Verstoß gegen die durch den Kontext geforderte Modalität, also als Ausdrucksfehler, gewertet werden. Der Konjunktiv hingegen wirkt neutral und wahrt die Distanz gegenüber einer Aussage. Beispiel für zwei grammatikalisch korrekte Formen der indirekten Rede:

Die Autorin behauptet, dass diese These unbegründet ist.
(mangelnde Distanz oder Zustimmung)

Die Autorin behauptet, dass diese These unbegründet sei.
(neutrale Wiedergabe)

Es ist es auch möglich, die indirekte Rede ohne Einleitungssatz fortzuführen. Diese Fortführung wird dann eingesetzt, wenn man komplexe Aussagen als Ganzes zitieren möchte, dafür mehrere Sätze benötigt und sich die Aneinanderreihung wiederholender Inquit-Formeln ersparen möchte. In einem solchen Fall *muss* die gesamte Redewiedergabe im Konjunktiv stehen. Hier zeigt sich die Besonderheit des Konjunktivs im Deutschen, dass er in formal selbständigen Sätzen auftreten kann.

Oft gehen Fehler in der indirekten Rede auch auf eine mangelnde Beherrschung des Konjunktivs zurück. Das aber ist dann kein Verstoß gegen die Modalität, sondern ein Grammatikfehler (Modusfehler). Die Verwendung des Konjunktivs I muss erst erlernt werden, da die meisten Schüler in der mündlichen Kommunikation nur selten oder falsch (häufig generell ersetzt durch den Konjunktiv II) mit diesem konfrontiert werden:

Die Autorin behauptet, dass diese These unbegründet wäre.
(Grammatikfehler)

Falls eine Schülerin oder ein Schüler eine bestimmte Konjunktivform eines Verbs nicht kennt, kann sie sich in manchen Fällen durch die Umschreibung mit dem Hilfsverb *würde* helfen. Wenn dies allerdings zu häufig eingesetzt wird, kann dies als stilistischer Fehler gewertet werden, denn die Behelfskonstruktion wirkt aneinandergereiht oft unbeholfen und ist daher der Textsorte unangemessen.

Eine mögliche Alternative zur indirekten Rede im Konjunktiv sind Quellenangaben mit Präpositionen oder Postpositionen *(zufolge, gemäß, nach, laut)*. Laut Duden-Redaktion werden diese Konstruktionen in der Regel im Indikativ wiedergegeben.[14] Die erforderliche Distanzierung im Sinne einer neutralen Darstellungsweise kann dann durch *modale Adverbien* ergänzt werden (*anscheinend, offenkundig, möglicherweise, scheinbar, angeblich, offenbar*). Beispiele:

Dem Autor zufolge ignorieren offensichtlich große Teile der Bevölkerung diesen Sachverhalt. *(Quellenangabe mit Postposition und Modaladverb)*

Der Autor behauptet, dass große Teile der Bevölkerung diesen Sachverhalt ignorierten. *(indirekte Rede)*

Manche Schüler zitieren Aussagen, ohne deren Urheberin oder Urheber zu erwähnen und ohne den Konjunktiv zu benutzen, oder sie übernehmen unsachliche und unklare Begrifflichkeiten ohne besondere Kennzeichnung. In solchen Fällen ist dann kaum noch zu erkennen, ob es sich um fremde oder eigene Aussagen handelt, was nicht nur gegen die Neutralität verstößt, sondern auch höchst unpräzise ist. Dann liegt nicht nur ein Ausdrucksfehler vor, sondern ein Verstoß gegen die inhaltliche Genauigkeit und Vollständigkeit (→ S. 18f.).

Ziel von Bildung ist es, die Schüler nicht nur zu Rezipienten wissenschaftlicher Diskurse auszubilden, sondern zu aktiven Teilnehmern. Und dazu gehört es auch, nicht alle Thesen und Theorien unkritisch zu übernehmen, sondern mit ihnen zunächst einmal distanziert umzugehen. In der neutralen und sachlichen Wiedergabe fremder Aussagen zeigt sich, ob eine Schülerin oder ein Schüler dazu in der Lage ist.

2.2.5 Zusammenfassung semantischer und textsortenspezifischer Anforderungen

Eine Zusammenstellung der Anforderungen der semantisch-textsortenspezifischen Sammelkategorie Ausdruck kann man auch den Schülern vor und nach einer Klausur an die Hand geben bzw. für sich selbst in einem Erwartungshorizont formulieren:

Die Schülerin / Der Schüler formuliert verständlich und kontextangemessen, indem sie / er
- passende und eindeutige Wörter einsetzt (keine undifferenzierten, deutungsbedürftigen Begriffe).
- feste Wortverbindungen richtig bildet.
- Schriftsprache verwendet (keine Umgangssprache).
- unsachlich wirkende Stilmittel und herabwürdigende Bezeichnungen vermeidet.
- Wortwahl und Satzbau abwechslungsreich gestaltet.
- Sätze bildet, die nur so lang sind, dass sie auf Anhieb verständlich sind.
- das textsortengerechte Tempus benutzt.
- Aussagen in indirekter Rede mit dem Konjunktiv oder mittels Modaladverbien wiedergibt.

2.3 Formale Anforderungen und Fehler

Neben der inhaltlichen und der sprachlichen gibt es auch eine formale Darstellung. Die Formalien umfassen im Wesentlichen die äußere Gestalt eines Textes, also alles, was nicht explizit den Inhalt und die Sprache umfasst. Sie vereinheitlichen die äußere Form des Textes.

Bei Publikationen wird die Text- und Bildgestaltung, das *Layout*, oft in einem kreativen Prozess entwickelt. In der Schule sind die Schreib- und Gestaltungsregeln von Texten den Schülern weitgehend durch die traditionelle Heftführung vorgegeben.

Die wesentlichen Kriterien der formalen Textgestaltung in der Schule sollen nachfolgend erläutert werden: Schreibweise von Datumsangaben, Uhrzeiten und Zahlen; Vermeidung von Abkürzungen und Ersatzzeichen im Fließtext; Beachtung des vorgegebenen Textfeldes; Setzen von grafischen Absätzen; Einbindung von Belegen und Zitaten in den Text; lesbare Schrift.

Schreibweise von Zahlen, Datumsangaben und Uhrzeiten

Traditionell gab es in Deutschland lange die Regel, die Zahlen *null* bis *zwölf* sowie deren Aufzählungsform *(erste, zweite, dritte, …)* im Fließtext als Wörter (Numerale) auszuschreiben. Die Duden-Redaktion bezeichnet diese Buchdruckerregel mittlerweile als veraltet.[15] Wenn Sie allerdings auf diese Regel weiterhin Wert legen, weil beispielsweise das Schriftbild mit Numeralen eleganter wirkt als mit Ziffern, können Sie das durchaus im Unterricht vermitteln. Jedoch sollten Sie einen Verstoß gegen diese Regel nicht als Fehler in die Bewertung einbeziehen.

Heute ist es ganz den Schreibenden überlassen, ob und wann sie Numerale oder Ziffern verwenden. Um Ziffern zu vermeiden, kann man sich allerdings an die Gepflogenheit halten, nur die ein- und zweisilbigen Zahlenwörter zu verwenden:

Sie wollte zwei Brötchen kaufen, hatte aber nur siebzig Cent dabei. Sie brauchte aber 140 Cent.

Bei Datumsangaben und Uhrzeiten bietet es sich an, sich an der Norm DIN 5008 für die Geschäfts- und Verwaltungskorrespondenz zu orientieren. Nach dieser Norm gibt es folgende Schreibweisen des Datums, von denen die erste die geeignete für Fließtexte ist:

1. Januar 2019
1. Jan. 2019
01.01.2019

Die Uhrzeit wird nach Stunden und Minuten mit jeweils zwei Ziffern angegeben und mit einem Doppelpunkt voneinander getrennt. Bei vollen Uhrzeiten kann man die Minuten weglassen, bei einstelligen Uhrzeiten die Null:

15:00 Uhr oder 15 Uhr
08:30 Uhr oder 8:30 Uhr

Vermeidung von Abkürzungen und Ersatzzeichen im Fließtext

Abkürzungen, auch für Maßeinheiten, werden in Fließtexten in der Regel vermieden. Ausnahmen können Sie nach eigenem Ermessen zulassen, beispielsweise bei überaus häufigen Abkürzungen wie *bzw.*, *z. B.* oder *ca.*

Manchmal verwenden Schüler für bestimmte Wörter auch Ersatzzeichen wie „&" oder „+", Emoticons wie „:-)" oder „;-)" und Emojis wie „☺" oder „☹". Diese sollten in Fließtexten allerdings unbedingt vermieden werden.

Beachtung des vorgegebenen Textfelds

Wahrscheinlich erachten Sie es als selbstverständlich, dass in einem Heft oder auf einem Klausurbogen auf den vorgegebenen Linien geschrieben wird und nicht über den Korrekturrand hinweg oder auf dem linienlosen Feld unten auf einer Seite. Für manche Schüler ist dies jedoch nicht so selbstverständlich. Die Nichtbeachtung des vorgegebenen Schreibfelds lässt den Text wie eine Randnotiz erscheinen und nimmt Platz für Korrekturzeichen. Dies kann als formaler Fehler gekennzeichnet werden.

Setzen von grafischen Absätzen

Das Setzen von Absätzen ist zunächst einmal eine grafische Formalie, die den Text visuell übersichtlicher gestalten soll. Halten Sie Ihre Schüler im Sinne der Lesbarkeit dazu an, Absätze zu machen.

In vielen Fällen aber ist es nicht einfach zu entscheiden, ob das Einfügen von Absätzen eine formale oder aber eine inhaltliche Anforderung ist. Die Gliederung eines Textes nach Sinnabschnitten setzt Überlegungen zum Inhalt voraus. Hier handelt es sich also um einen Grenzbereich beider Anforderungskategorien. Entscheiden Sie je nach Einzelfall (→ S. 21, *Inhaltliche Struktur und Kohärenz*).

Einbindung von Belegen und Zitaten

Ein Beleg oder Textverweis in Klammern wird eingefügt, wenn man Bezug zu einer Aussage aus der Textvorlage nimmt. Bei der sinngemäßen Wiedergabe kann man zu der Zeilenangabe die Abkürzung für „vergleiche" bzw. „confer" (*vgl.* oder *cf.*) ergänzen:

Die Autorin behauptet, dass viele Zitate aus Quellen in eigene Texte eingebracht werden sollten (vgl. Z. 34).

Wörtliche Zitate aus Textvorlagen werden immer in Anführungszeichen gesetzt. In der Regel steht dahinter in Klammern der Beleg:

Die Autorin behauptet, dass „viele, aber nicht allzu ausführliche Zitate aus Quellen eine gute Grundlage für eigene Texte" (Z. 34) darstellten.
Die Autorin präzisiert ihre Position folgendermaßen: „Wortgenau sollte aus Quellen nur sehr sparsam zitiert werden, denn die Kunst der Analyse besteht darin, verkürzt und eigenständig zu formulieren." (Z. 15f.)
In Vers 5 befindet sich eine Metapher, nämlich ...

Auslassungen in Zitaten werden durch eckige Klammern und drei Auslassungspunkte gekennzeichnet:

Die Autorin behauptet, dass „viele [...] Zitate aus Quellen eine gute Grundlage für eigene Texte" (Z. 34) darstellten.

Eckige Klammern werden auch eingesetzt, um Zitate grammatikalisch anzupassen, damit sie elegant in einen eigenen Satz eingebaut werden:

Dies trage, so die Autorin wörtlich, zu einer „geradewegs falsche[n] Wahrnehmung des Kunstwerks" (Z. 8) bei.

Lesbare Schrift
Klassenarbeiten und Klausuren werden in der Regel handschriftlich erstellt. Und jede Handschrift ist individuell. Deshalb gilt zunächst einmal für eine korrigierende Lehrkraft, dass die Toleranz „schlechter" Schrift großzügig bemessen sein sollte und nur bei Unlesbarkeit eines Wortes ein formaler Fehler zu markieren ist. In manchen Fällen kann die Unlesbarkeit der Handschrift allerdings auch zur Folge haben, dass ganze Textpassagen unverständlich werden oder nur mit großer Mühe zu entziffern sind. Die Korrektur von Texten mit mühsam lesbarer Schrift nimmt deutlich mehr Zeit in Anspruch.

Formale Kriterien der digitalen Textgestaltung
Durch die Individualität der Handschrift und demnach durch ihre unterschiedliche Größe kann man nicht unbedingt auf den Umfang einer Arbeit schließen. Das ist anders bei digital erstellten Textarbeiten wie der *Facharbeit*

bzw. der *wissenschaftspropädeutischen Seminararbeit am Ende des gymnasialen Bildungsganges* (Bayern). Die Formalien gewährleisten hier eine Vergleichbarkeit hinsichtlich des Umfangs. Für digitale Textarbeiten gibt es daher weitere formale Gestaltungskriterien:

- Schriftbild (Schriftart, Schriftgröße, Zeilenabstand, Blocksatz)
- Größe der Seitenränder
- Umfang in Zeichen oder Wörtern
- Angabe und Nummerierung von Seitenzahlen, Kapiteln und Unterkapiteln
- Gestaltung von Deckblatt, Inhaltsverzeichnis, Anhang etc.

Meist legt eine Schule die genauen formalen Kriterien für Facharbeiten selbst fest. Dabei orientiert sie sich an den Vorgaben der Universitäten für wissenschaftliche Arbeiten (Wissenschaftspropädeutik).

Exkurs: Handschrift oder Tastatur?

Im Zuge der Digitalisierung gibt es Stimmen, die es zeitgemäßer finden, Klassenarbeiten und Klausuren nicht mehr handschriftlich, sondern am Computer per Tastatur erstellen zu lassen.
Das ausschließliche Erlernen des Tastaturschreibens würde aber eine recht hohe Abhängigkeit von technischen Hilfsmitteln generieren. Forschungsergebnisse deuten zudem an, dass durch Mitschriften per Hand wesentlich mehr Informationen im Gehirn gespeichert werden als beim Schreiben mit der Tastatur. Offenbar fördert die Handschrift das Lernen.
Zumindest für die Sekundarstufe I sollte daher das Schreiben von Klassenarbeiten weiterhin mit der Hand durchgeführt werden, um diese wichtige Kulturtechnik auch in Prüfungssituationen einzuüben. In der gymnasialen Oberstufe hingegen könnte man langfristig über das Tastaturschreiben als Alternative nachdenken, zumal es die Lesbarkeit einer Klausur für die korrigierende Lehrkraft erleichtern würde.

2.4 Überblick über Fehler- und Anforderungskategorien

Das folgende Schaubild veranschaulicht zusammenfassend die Fehler- bzw. Anforderungskategorien, ihre Bezugsgrößen und einige dazugehörige Fehlermöglichkeiten. Diese Kategorien stehen in einem engen Zusammenhang mit den Korrekturzeichen (Kapitel 3) und den Bewertungskriterien (Kapitel 4).

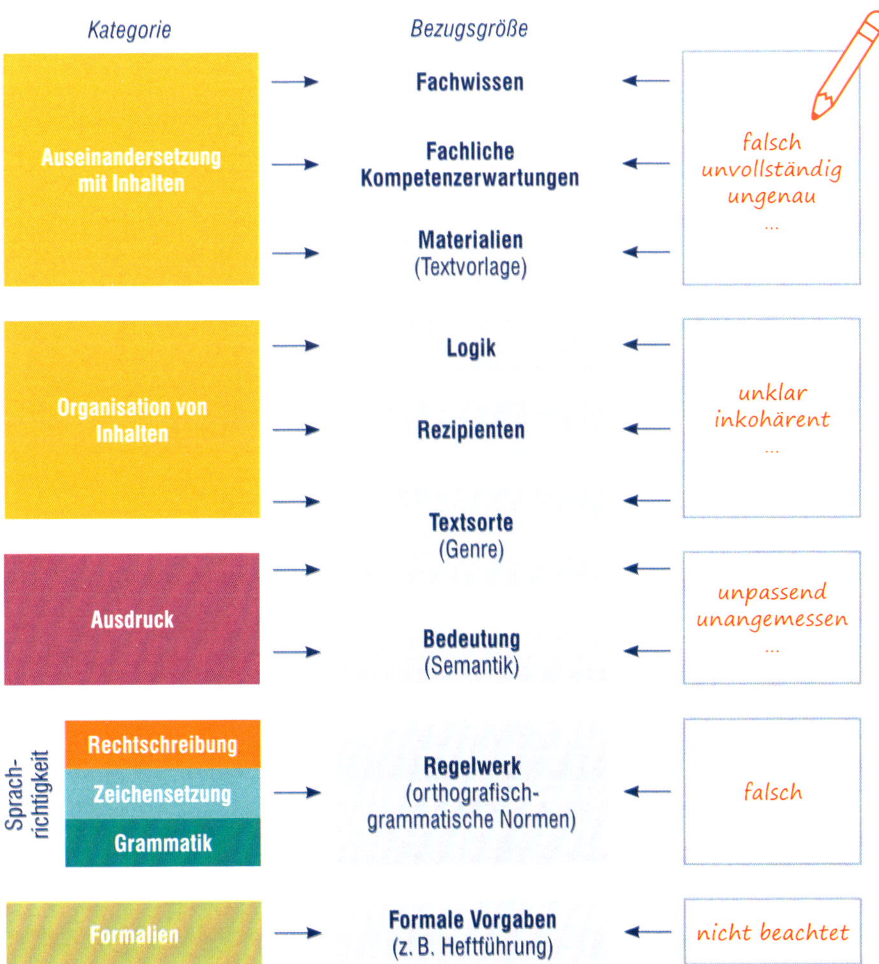

3 Korrekturzeichen und Randkommentare

Die eigentliche Korrektur besteht aus dem Lesen des Schülertextes und der Kennzeichnung und Erläuterung auffindbarer Fehler und Mängel. Traditionell werden dafür bestimmte Korrekturzeichen wie etwa „R“ für Rechtschreibfehler verwendet. Viele Lehrkräfte ergänzen diese durch entsprechende Kommentare am Rand.

Einheitliche Korrekturzeichen für Deutschland gibt es nicht. Einige Bundesländer haben diesbezüglich für das Abitur Vorgaben erlassen, um Willkür zu verhindern und einen gewissen Standard zu schaffen, andere halten sich mit Empfehlungen zurück, sodass auch innerhalb einzelner Bundesländer unterschiedliche Zeichen und Kategorisierungen von Fehlern in Verwendung sind.

Grundsätzlich ist es zunächst einmal gar nicht unbedingt von Nachteil, wenn die Behörden den Lehrkräften hier mehr Freiheiten lassen und ihnen Vertrauen schenken. Dadurch hat man einen größeren didaktischen und fachlichen Spielraum bei der Korrektur. Andererseits suchen gerade unerfahrenere Kollegen nach einem System, an dem sie sich orientieren können.

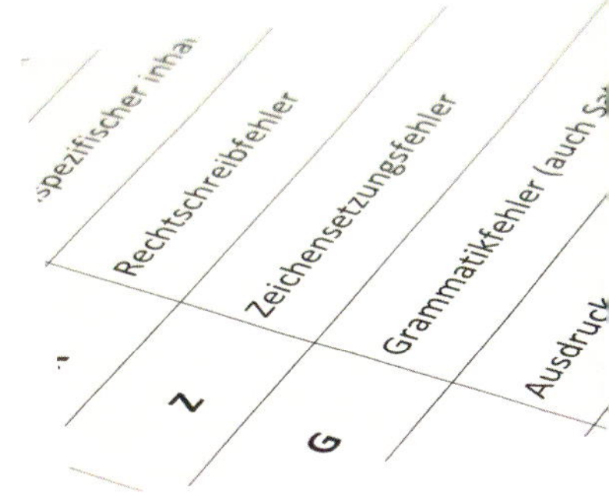

3.1 An welchen Vorgaben kann man sich orientieren?

Für das Druck- und Verlagswesen gibt es in Deutschland normierte Korrekturzeichen (DIN 16511 und DIN 16549-1). Mittelfristig sollen diese Normen durch einen 2016 veröffentlichten internationalen Standard (ISO 5776) abgelöst werden. Diese normierten Korrekturzeichen könnten durchaus in der Schule benutzt werden. Sie sind aber nicht nur unüblich, sondern auch ungeeignet, da die Zeichen zur Optimierung von publizistischen Texten und nicht als Rückmeldung an Lernende konzipiert sind.

Traditionell sind in der Schule daher andere Korrekturzeichen in Verwendung, allerdings ohne Normierung. Für die Sekundarstufe I gibt es meist gar keine Vorschriften zu Korrekturzeichen. Für das Abitur dagegen haben einige Bundesländer – wie zum Beispiel Baden-Württemberg – sehr eng definierte Vorschriften veröffentlicht, die sich allerdings von Land zu Land unterscheiden können.

Ein Beispiel für leichte Unterschiede zwischen den Bundesländern bei den Abiturvorgaben ist die Abkürzung für Grammatikfehler:

- in Nordrhein-Westfalen „G“,
- in Niedersachsen „Gr“ und
- in Sachsen „GR“.

Größere Unterschiede gibt es bei der Semantik und Stilistik: Niedersachsen und Nordrhein-Westfalen etwa trennen zwischen Wortfehlern („W“) und Ausdrucksfehlern („A“), wobei Wortfehler sich auf das einzelne Wort, Ausdrucksfehler dagegen auf mehrere Wörter beziehen.[16] Während Niedersachsen beide Fehlerarten als gleichwertig vorgibt, wird in Nordrhein-Westfalen der Ausdrucksfehler als Spezifizierung dem Wortfehler untergeordnet, was nicht ganz nachvollziehbar ist.[17] In Baden-Württemberg hingegen steht das Korrekturzeichen „W“ für „Wiederholung“.[18] An diesen Beispielen zeigt sich sehr eindrücklich, wie verworren die Vorgaben und Empfehlungen bei Korrekturzeichen und Fehlerkategorien aus deutschlandweiter Perspektive sind.

Nur wenige der für das Abitur vorgegebenen Listen mit Korrekturzeichen sind überzeugend systematisiert. Dabei stellt zum Beispiel das recht einfach geordnete Modell Schleswig-Holsteins eine Ausnahme dar.[19]

Wenn Sie neu an einer Schule anfangen, erkundigen Sie sich, ob es fachgebundene oder schulinterne Festlegungen zur Korrektur gibt. Trotz der Verpflichtung, sich an bestimmte Vorgaben zu halten, haben Sie als Lehrkraft meist einen großen didaktischen Spielraum. Die Vorgaben sind oft viel flexibler, als sie auf den ersten Blick erscheinen. Wichtig ist vor allem, dass Sie bei Ihren Korrekturen einheitlich vorgehen und darauf achten, dass Ihre Entscheidungen fachlich und didaktisch begründbar sind.

3.2 Welche und wie viele Korrekturzeichen sollten verwendet werden?

Generell ist es *nicht* sinnvoll, eine Liste möglichst vieler Korrekturzeichen zu verwenden, die einer alphabetischen oder womöglich sogar keiner nachvollziehbaren Ordnung folgt. Aus didaktischen und praktikablen Gründen sollte eine begrenzte Anzahl an Korrekturzeichen benutzt werden, denen bestimmte Fehlerkategorien eindeutig zugeordnet werden können. Nur so kann überhaupt eine verständliche Rückmeldung an die Schüler erfolgen, denn nur wenige von ihnen interessieren sich überhaupt für die genaue Benennung von Fehlern, zumal eine zu starke Ausdifferenzierung mit zu vielen Abkürzungen viele überfordert. Ein geordnetes und begrenztes System an Korrekturzeichen erleichtert auch Lehrkräften die Korrektur einer Textarbeit immens.

Im Kapitel 2 sind die Anforderungs- und Fehlerkategorien dargestellt worden. Wenn wir uns an diesen Kategorien orientieren, können wir die Anzahl auf 6–9 Korrekturzeichen begrenzen:

Kategorie	Korrekturzeichen	Alternativen
Inhalt	I	Fa, FA (fachlicher Fehler, fachliche Auseinandersetzung), Sf, SF (Sachfehler), Sa (sachlicher Fehler)
Rechtschreibung	R	Rs
Zeichensetzung	Z	Sz (Satzzeichen)
Grammatik	G	Gr, GR T (Tempus)
Ausdruck	A	W (Wortfehler), WW (Wortwahl), L (Lexik) S, St (Stilfehler) M (Modalität)
Formalien	F	

In den meisten Fällen reichen diese wenigen Zeichen vollkommen aus und gewährleisten eine Rückkopplung an die Anforderungen sowie eine klare Abgrenzung der einzelnen Fehlerkategorien. Im Sinne der Einheitlichkeit ist es auch sinnvoll, für alle Korrekturzeichen nur einen Buchstaben als Abkürzung zu verwenden.

Eine weiter ausdifferenzierende Liste von Korrekturzeichen würde die Korrektur für alle Beteiligten nur unübersichtlicher gestalten. Dieser wichtige Grundsatz der *Reduktion und Systematisierung von Korrekturzeichen bzw. Abkürzungen* ist in der didaktischen Literatur bislang meist vernachlässigt worden. Da findet sich sogar der gegenteilige Vorschlag, Fehler in einem Schülertext zu nummerieren und sie anhand einer Liste mit 52 Aufschlüsselungen zu identifizieren. Solch ein Vorschlag widerspricht der Übersichtlichkeit und einfachen Systematisierung und ermöglicht kein adäquates Feedback: Weder Lehrkräfte noch Schüler werden sich eine solch hohe Anzahl an Zuordnungen und Differenzierungen merken können oder immer wieder nachschlagen, insbesondere dann nicht, wenn an einer Schule ganz unterschiedliche Korrektursysteme nebeneinander bestehen.[20]

Sie können selbst entscheiden, welche der vorgeschlagenen Korrekturzeichen Sie verwenden. Am besten erstellen Sie eine eigene Liste, die Sie durchaus den Abiturvorgaben Ihres Bundeslandes angleichen können. Wenn Sie in Baden-Württemberg unterrichten, ersetzen Sie einfach das „G" durch „Gr". Wenn Sie aus Niedersachsen kommen, differenzieren Sie zwischen „W" für lexikalische Fehler, die nur ein Wort betreffen, und „A" für alle anderen lexikalischen und stilistischen Fehler. Im Grunde bleibt durch diese Anpassungen das reduzierte System relativ gut erhalten.

Trotz der reduzierten Anzahl an Korrekturzeichen halten es viele Lehrkräfte weiterhin für sinnvoll, manche Fehler zu präzisieren. Um Fehler also genauer zu benennen, sollten Sie anstatt weiterer eigenständiger Korrekturzeichen ausformulierte und einige abgekürzte Präzisionen verwenden. Setzen Sie diese *in Klammern hinter das jeweilige Korrekturzeichen*, beispielsweise so:

I (zu allgemein)

Dieses Vorgehen löst den Interessenskonflikt zwischen der Vereinfachung und der genauen Benennung, denn es gewährleistet weiterhin Übersichtlichkeit und die Zuordnung zu einer bestimmten Anforderungskategorie.

Reduzieren Sie also die Anzahl an Korrekturzeichen und arbeiten Sie stattdessen mit Präzisionen. Die Übersichten auf der folgenden Seite führen solche Präzisionen zu den einzelnen Fehlerkategorien Inhalt, Grammatik, Ausdruck und Formalien auf.

Präzisionen zu den verschiedenen Fehlerkategorien

Inhalt		
	I	**Inhaltlicher Fehler: falsche, ungenaue, unvollständige Darstellung und Deutung, unsachgemäße Verkürzung, Verstoß gegen die Logik oder Kohärenz**
	Alternativ:	
	Fa, FA, Sf, SF, Sa	fachlicher Fehler, Sachfehler, sachlicher Fehler
	Mögliche Präzisionen:	
	(f) oder (X)	inhaltlich falsch
	(~) oder (ug)	inhaltlich ungenau, oberflächlich, zu allgemein, erklärungsbedürftig, unvollständig, lückenhaft
	(≠Rel) oder (≠Auf)	inhaltlich irrelevant, trivial, von der Aufgabenstellung abweichend
	(?) oder (uk), (uv)	inhaltlich unklar, unverständlich, missverständlich
	(Wh) oder (Wdh)	inhaltliche Wiederholung
	(Zh) oder (Zsh)	unklarer/falscher inhaltlicher Zusammenhang
	(Bz) oder (Bez)	unklarer/falscher inhaltlicher Bezug
	(Log) oder (D), (Df)	logischer Fehler, Denkfehler, falsche Schlussfolgerung, inhaltlicher Widerspruch, Tautologie
	⌐	Setzen eines Absatzes aus inhaltlichen Gründen
	↩	inhaltlich nicht sinnvoller Absatz
	I/A	Grenzfall: wahrscheinlich Inhaltsfehler, kann aber auch ein Ausdrucksfehler sein

Grammatik		
	G	**Grammatikfehler: falsche Flexion, falscher Satzbau**
	Alternativ:	
	Gr, GR, Sb, Sy	Grammatikfehler Satzbau-/Syntaxfehler
	Mögliche Präzisionen:	
	(Flx)	falsche Flexion (Wortendung für Kasus, Komparation, Modus, Numerus, Person, Tempus etc.)
	(Sb) oder (Sy)	Falscher Satzbau: unvollständiger Satz, falsche Wortstellung, fehlende Satzgrenze
	(–)	Streichung von syntaktisch Überflüssigem
	(┌) oder (√)	Auslassung: Ergänzung von syntaktisch Fehlendem
	G → I	Fehlerkausalität: Grammatikfehler bedingt Inhaltsfehler

Ausdruck		
	A	**Ausdrucksfehler: unpassende Wörter und Wortverbindungen, stilistisch unangemessen**
	Alternativ:	
	W, WW, L S, St M	Wortschatzfehler, falsche Wortwahl, Lexikfehler stilistischer Fehler Modalitätsfehler
	Mögliche Präzisionen:	
	(W) oder (L)	falsche Wortwahl, lexikalischer Fehler
	(Koll)	falsche Kollokation
	(Id)	falsches Idiom
	(S) oder (St)	unangemessener / nicht textsortengerechter Stil
	(M)	unangemessene Modalität
	(T)	unangemessenes / nicht textsortengerechtes Tempus
	(Wh) oder (Wdh)	Ausdruckswiederholung, mangelnde Variabilität
	(FS)	nicht / falsch verwendete Fachsprache
	(–)	Streichung von semantisch Überflüssigem
	(Γ) oder (√)	Ergänzung von semantisch Fehlendem
	A/I	Grenzfall: wahrscheinlich Ausdrucksfehler, kann aber auch ein Inhaltsfehler sein
	A → I	Fehlerkausalität: Ausdrucksfehler bedingt Inhaltsfehler

Formalien		
	F	**formaler Fehler**
	Mögliche Präzisionen:	
	(?) oder (ul)	unleserlich
	⌐	Setzen eines Absatzes aus formalen / grafischen Gründen
	⤾	formal nicht sinnvoller Absatz

Sie können je nach Bedarf zusätzlich jede andere Präzision hinzufügen. Aber obwohl Abkürzungen Zeit sparen, sollte man es damit nicht übertreiben. Besser ist es, die in den Übersichten dargestellten, relativ häufig verwendeten Abkürzungen dann durch nicht abgekürzte Präzisionen zu ergänzen. Das können selbstverständlich beliebig viele sein, beispielsweise folgende:

zu allgemein, im Ansatz richtig, verwirrend, missverständlich, fraglich, deutungsbedürftig, zu nah am Text, Genus, Numerus, Kasus, Modus

Streng genommen handelt es sich bei Korrekturzeichen um Zeichen für Verbesserungsbedarf, die bei Fehlern eingesetzt werden. Ein Zeichen zur Hervorhebung von Gelungenem ist also ein gesondertes Zeichen, das im engeren Sinn von Korrekturzeichen unterschieden werden muss. Solch ein Zeichen kann das Folgende sein:

Inhalt	✓	inhaltlich besonders zutreffend / durchdacht / überzeugend / plausibel / kreativ / originell

Exkurs: Englische Korrekturzeichen

Auch im Englischunterricht erfolgen Korrektur *(correction)* und Bewertung (assessment) aus rechtlichen Gründen gerade in zentralen Prüfungen auf Deutsch. Im englischen Sprachraum gibt es wie im Deutschen kein einheitliches System, das von den Schulen angewandt wird. Viele der unterschiedlichen Korrekturzeichen basieren aber zum Teil auf dem britischen Standard BS 5261. Die folgende Liste stellt Ihnen eine kleine mögliche Auswahl an Korrekturzeichen vor:[21]

textual mark	margin mark	Erläuterung
We flue to Scotland.	sp	spelling error (falsche Schreibung)
We arrived in edinburgh.	cap	set in capitals (Großschreibung)
We missed the Train.	lc	set in lowercase (Kleinschreibung)
The child's bike	’	add an apostrophe (Apostropheinfügung)
See ~~the~~ table in page 5.	ꝺ	delete (Streichung)
As our plane flew on the mountains we saw snow.	ww	wrong word (Wortfehler)

3.3 Wie werden Fehler markiert?

In der Regel unterstreichen Sie die Fehler im Text, damit eine Schülerin oder ein Schüler erkennt, was genau falsch ist (Fehlerlokalisierung). Hinzu kommt ein entsprechendes Korrekturzeichen am Rand auf Höhe des Fehlers. Diese Korrekturzeichen bilden die Grundlage für die anschließende Bewertung und belegen diese.[22]

Die Korrekturzeichen werden in der entsprechenden Zeile in der Reihenfolge der Fehler angeordnet. Sie dienen nicht nur dazu, die Fehlerkategorie, sondern auch die *Anzahl* der Fehler zu erfassen:

Ihm wahr nicht bewusst, das er sich bereits verspätet hatte. — R G

Bei Rechtschreibfehlern sollten nur die falschen Buchstaben unterstrichen werden, nicht das ganze Wort. Das weist die Schüler besser auf den entsprechenden Fehler hin.

Wenn zwei Fehler *derselben Kategorie in einem Wort* vorkommen, dann ist dies nur als ein Fehler zu kennzeichnen, im folgenden Beispiel die falsche Kleinschreibung und die falsche Konsonantenverdopplung. Bei zwei Fehlern *unterschiedlicher Kategorien in einem Wort* werden beide Fehler am Rand notiert:

Sie wanderten zum drachenfells im Siebengebirge. — R

Der Drachenfels ist eine attraktive anziehungsstelle im Siebengebirge. — R+A

Falsche Worttrennungen können folgendermaßen gekennzeichnet werden:

Der Schriftsteller, der dadurch in Verr-uf geraten war, versuchte vergeblich, einen neuen Verlag zu finden.	R

In einigen Fällen können sprachliche Fehler inhaltliche bedingen. Diese Fehlerkausalität kann man folgendermaßen darstellen:

Der Schriftsteller kann behaupten, sich geirrt haben musste.	G (Satzbau) → I (?)

Die Rotbuche verbreitet sich im Siebengebirge. (Richtig müsste es heißen: Die Rotbuche ist im Siebengebirge verbreitet.)	A → I (f)

Bei fehlenden Wörtern fügen Sie entweder ein Auslassungszeichen (⌈ oder √) ein oder ergänzen das fehlende Wort oder Satzzeichen:

Ihm ⌈ nicht bewusst, dass er sich bereits verspätet hatte.	G

Ihm ⌈ (war) nicht bewusst, dass er sich bereits verspätet hatte.	G

Fehlende Satzzeichen fügen Sie hinzu und unterstreichen diese. Zwei fehlende oder falsch gesetzte Kommas, die aufgrund eines eingeschobenen Nebensatzes oder einer Apposition zusammengehören, werden nur mit einem Korrekturzeichen gekennzeichnet und dementsprechend zusammenhängend gewertet. Überflüssige Wörter können Sie durchstreichen.

Ihm war nicht bewusst, dass er sich bereits verspätet hatte. — Z

Der Schriftsteller, der durch seinen letzten Roman in Verruf geraten war, versuchte vergeblich einen neuen Verlag zu finden. — Z

Ihm war ~~war~~ nicht bewusst, dass er sich schon ~~bereits~~ verspätet hatte. — G (–) A (–)

Wenn sich ein komplexes Fehlergefüge über mehrere Zeilen erstreckt, zum Beispiel beim Satzbau, empfiehlt es sich, auf das Unterstreichen zu verzichten und stattdessen am Rand einen vertikalen Strich zu ziehen, der die entsprechenden Zeilen markiert:

Ihm war nicht bewusst, er ließ sich Zeit, weil er merkte nicht, dass er sich bereits verspätet hatte, und ging zunächst nach Hause, um und er ging dann weiter zu der verabredeten Stelle. — G (Satzbau)

Dieses Beispiel zeigt zudem, dass solche Fehlergefüge, wenn sie sich auf eine Kategorie beziehen, als Ganzes behandelt werden sollten. Dieses Verfahren erspart viel Zeit und ist überdies oft auch gar nicht anders umsetzbar. Bei inhaltlichen Fehlern ist dieses Verfahren generell sinnvoll:

Dem Standpunkt der Autorin kann ich nicht zustimmen, denn ihre Aussagen sind nicht nachvollziehbar. Deshalb nehme ich eine entgegengesetzte Position zu ihrer Argumentation ein. — I (ungenau)

Wenn unterschiedliche Fehler mit einem Fehlergefüge oder einem inhaltlichen Fehler, der sich über mehrere Zeilen erstreckt, zusammenfallen, kann man dies folgendermaßen kennzeichnen:

Dem Standpunkt der Autorin kan ich nicht zustimmen, denn ihre Aussagen sind nicht nachvollziehbar. Deshalb nehme ich einen entgegengesetzten Position zu ihrer Argumentation ein.	R G	I (ungenau)

Manchmal mag es sinnvoll erscheinen, einen gefundenen Fehler oder eine textliche Auffälligkeit nicht in die Bewertung einfließen zu lassen. Das kann folgende Gründe haben:

- Ein Fehler bezieht sich auf eine Anforderung, die im Unterricht noch nicht erarbeitet worden ist.
- Ein Fehler darf aufgrund von Lese-Rechtschreib-Schwäche nicht bewertet werden.
- Ein gefundener Mangel ist im Ermessen der Lehrkraft unbedeutend oder stilistisch noch tolerierbar (nur „irgendwie schief").
- Ein gefundener Mangel ist ein Zweifelsfall (Grundsatz: in dubio pro reo – „im Zweifel für den Angeklagten").

In solchen Fällen können Sie den nicht bewerteten Fehler unterschlängeln, also mit einer *Wellenlinie* versehen. Damit machen Sie zwar auf diesen aufmerksam, kennzeichnen ihn aber als nicht bewertbar. Sie können gleichzeitig das Korrekturzeichen am Rand unterschlängeln oder einklammern, um es von einem Fehler zu unterscheiden, der in die Bewertung einfließt:

Dieser Ausdruck sollte noch einmal gecheckt werden.	A oder (A)

Bestimmte Fehler wie falsch gesetzte Abschnitte oder nicht gesetzte, aber erforderliche Absätze werden im Text kenntlich gemacht. Werten Sie den Fehler nur, wenn Sie zusätzlich noch ein Korrekturzeichen (ohne Wellenlinie) an den Rand setzen:

Wenn mitten im Satz ein Absatz gesetzt wird, vermag dies die Leser zu irritieren. Anderseits werden diese genauso irritiert, wenn Absätze nach einem Sinnabschnitt nicht gesetzt werden. Im Mittelalter waren Absätze in Texten eine Ausnahmeerscheinung. Die mittelalterlichen Epen … — F / I (Sinnabschnitt)

Fehler, die sich innerhalb einer Arbeit wiederholen, werden mit der Abkürzung „s. o." (siehe oben) gekennzeichnet und in der Regel nicht gewertet:

Ihr wahr nicht bewusst, wie schön sie wahr. — R / R (s. o.) oder (R)

Traditionell wird zur Markierung und Benennung der Fehler ein roter Stift verwendet. Die rote Farbe ist vor allem bei zentralen Prüfungen wie dem Abitur vorgegeben. Für normale Klassenarbeiten und Klausuren gibt es solche Vorgaben oft nicht. So verwenden manche Lehrkräfte eine alternative Farbe – zum Beispiel grün oder türkis –, um die Signalwirkung und damit die Fehlerfokussierung abzumildern:

Ihm wahr nicht bewusst, das er sich bereits verspätet hatte. — R G

Wenn Sie diese alternative Farbwahl aus didaktischen oder pädagogischen Gründen für sinnvoll halten, können Sie dies durchaus tun, wenn dem keine Vorgabe Ihres Bundeslandes entgegensteht.

Manche Lehrkräfte wechseln sogar die Farbe während einer Korrektur und unterscheiden farblich zum Beispiel zwischen inhaltlichen und sprachlichen Fehlern oder zwischen Fehlern und Stärken. Davon ist allerdings abzuraten, denn allein der Stiftwechsel kostet Sie viel Zeit.

3.4 Randkommentare

In der Regel sollten die Korrekturzeichen mit einer entsprechenden Präzision ausreichen. Manchmal jedoch mag es Ihnen sinnvoll erscheinen, einen Fehler näher zu erläutern oder einen pädagogischen Kommentar hinzuzufügen, beispielsweise so:

Dem Standpunkt der Autorin kann ich nicht zustimmen, denn ihre Aussagen sind nicht nachvollziehbar. Deshalb nehme ich eine entgegengesetzte Position zu ihrer Argumentation ein.

Diese Begründung reicht nicht aus. Sie müssen präziser auf die Argumentation eingehen: Was genau ist für Sie nicht nachvollziehbar?

Solch ein Kommentar ist auf den Lernfortschritt ausgerichtet: Die Erläuterung soll den Verstehensprozess für einen Fehler anregen und so zu einer Verbesserung in der nächsten Arbeit führen.

Aber bedenken Sie: Allein die Überlegung, wie Sie Ihre pädagogische Botschaft verschriftlichen wollen, kostet Sie wertvolle Korrekturzeit. Mit einer solchen Formulierung können Sie gut 2 Minuten verlieren. Es empfiehlt sich daher, mit Randkommentaren in Textform äußerst sparsam umzugehen.

Wenn Sie dennoch einen Randkommentar favorisieren, weil das Korrekturzeichen Ihrer Meinung nach nicht ausreicht, verfassen Sie diesen als *Aussage* und so sachlich und präzise wie möglich – das ist auch im Sinne der Verlässlichkeit. Setzen Sie eine Frage („Was meinst du damit?") nur als Zusatz oder Ausnahme ein, denn die Korrektur ist in der Regel kein Dialog, so wünschenswert dies auch wäre. Und natürlich erwarten Sie bei solchen Fragen auch keine Antwort. Auf Schüler wirken Fragen in Randkommentaren oft wie Scheinfragen. Noch offensichtlicher wird die Unangemessenheit von Fragen, wenn sie stark verkürzt formuliert sind. Ein an den Rand gekritzeltes „Was?" kann nur selten hilfreich sein. Vielmehr zeigt es die Irritation der korrigierenden Lehrkraft.

3.5 Positivkorrektur

Ähnlich zeitaufwendig wie das Formulieren von Randkommentaren ist das Verbessern der Fehler durch die Lehrkraft, die sogenannte „Positivkorrektur“:

war dass
Ihm wahr nicht bewusst, das er sich bereits verspätet hatte. R G

Ihm wahr nicht bewusst, das er sich bereits verspätet hatte. R: war G: dass

Bei Rechtschreibfehlern gestaltet sich die Positivkorrektur noch recht einfach. Bei Grammatik- oder Ausdrucksfehlern kann diese sehr aufwendig sein, vor allem wenn man Sätze vollständig neu ausformulieren muss. Deshalb gilt auch hier: Verbessern Sie Fehler nur in Ausnahmefällen – was vor allem für Klausuren der gymnasialen Oberstufe gilt.

Ihm war nicht bewusst, er ließ sich Zeit, weil er merkte nicht, dass er sich bereits verspätet hatte, und ging zunächst nach Hause, um und er ging dann weiter zu der verabredeten Stelle.

G (Sb): Ihm war nicht bewusst, dass er sich bereits verspätet hatte. So ging er zunächst nach Hause, um erst von dort weiter zur verabredeten Stelle zu gehen.

Etwas anders gestaltet sich die Situation im Deutschunterricht der Sekundarstufe I und vor allem im Fremdsprachenunterricht. Hier kann eine Positivkorrektur durchaus sinnvoll sein, da den Schülern oft das Wissen einer korrekten Schreibweise oder einer korrekten Ausdrucksweise schlichtweg fehlt und sie auf Ihre Hilfestellung angewiesen sind. In manchen Fällen ist die Verständlichkeit von Aussagen für Sie als korrigierende Lehrkraft auch erst nach einer Positivkorrektur möglich.

3.6 Hervorhebung von Stärken

Die meisten Lehrkräfte fokussieren bei der Korrektur die Fehler und vernachlässigen die Stärken einer Schülerarbeit. Das ist durchaus nachvollziehbar, denn der Schulalltag trainiert Lehrer auf das Erkennen und Verbessern von Fehlern. Allerdings ist es aus pädagogischen Gründen oft wünschenswert, bei der Korrektur einer Textarbeit neben Fehlern auch Gelungenes zu benennen. Nordrhein-Westfalen etwa schreibt explizit vor, besonders gelungene Textteile zu kennzeichnen.

Das Lob gilt seit jeher als ein wesentlicher Grundsatz der Pädagogik, denn es lenkt die Aufmerksamkeit von den Schwächen auf die Stärken und wirkt motivierend.[23] Gerade bei hochsensiblen Kindern, die sich selbst stark kritisieren und ihre eigene Leistung oft infrage stellen, hilft die Hervorhebung von Stärken ungemein. Wenn Sie wissen, dass Schüler hochsensibel sind, achten Sie bei diesen verstärkt auf die Kennzeichnung von gelungenen Darstellungsteilen. Ziehen Sie bei Verdacht auf Hochsensibilität auch die Eltern zurate.[24]

> **Hochsensibilität**
> Hochsensibilität (sensory processing sensitivity) ist ein psychologisches Phänomen, bei dem betroffene Menschen Sinnesreize und Eindrücke viel intensiver wahrnehmen und verarbeiten als der Bevölkerungsdurchschnitt.

Manche Kollegen verwenden für positive Hervorhebungen einen Haken (✓), andere schreiben an den Rand ein kurzes „gut!“ und wieder andere zeichnen einen Smiley, was allerdings im Kontext der gymnasialen Oberstufe unsachlich wirken kann. Das folgende Beispiel zeigt, wie solch eine Markierung und Kommentierung in kurzer Textform auch aussehen kann:

Ihr Argument, Sprache sei zu komplex und daher kein Gegenstand, mit dem sich Laien auseinandersetzen sollten, ist meines Erachtens ein Trugschluss. Unbestritten ist Sprache komplex. Doch sie ist gleichzeitig das grundlegende Mittel der Verständigung von Menschen, gleich ob sie sich professionell mit ihr beschäftigen oder nicht. Daher stellt sich die Frage, warum es Laien verwehrt sein sollte, sich – in welcher Weise	überzeugende Argumentation

auch immer – mit Sprache zu befassen und Überlegungen zu ihr anzustellen. Die Fachwissenschaft kann diese Überlegungen durchaus verwerfen oder ihr Thesen entgegenstellen, aber nicht den Diskurs unterbinden.

Auch hier gilt es, sparsam mit solchen Hervorhebungen umzugehen, um Ihre zeitlichen und gedanklichen Kapazitäten zu schonen. Sie müssen auch nicht zwingend in jeder Arbeit etwas positiv hervorheben. Vielleicht finden Sie manchmal nichts, was Sie als gelungen kennzeichnen wollen. Dann sollten Sie nicht versuchen, fehlerhafte oder ungenaue Darstellungen ins Positive umzudeuten. In manchen Fällen kann man ruhigen Gewissens die Hervorhebungen von Stärken weglassen.

Was man sich merken kann

- Weniger Korrekturzeichen, die bestimmten Anforderungskategorien eindeutig zuzuordnen sind!
- Präzisionen verwenden!
- Randkommentare und Positivkorrekturen minimieren! (Nicht alles, was im Sinne einer schülerorientierten Korrektur wünschenswert erscheint, ist auch zeitlich umsetzbar. Jeder Kommentar am Rand kostet Zeit.)

4 Bewertung und Notenbegründung

Bei der Bewertung geht es darum, den Schülertext mit einer Schulnote zu versehen. Jedoch erweist sich gerade dies als überaus schwierig und erfordert oftmals mehr Überlegungen als die bloße Korrektur von Fehlern. Sie als Lehrkraft müssen nämlich entscheiden, ob die Textarbeit *sehr gut*, *gut*, *befriedigend*, *ausreichend*, *mangelhaft* oder sogar *ungenügend* ist. Das heißt: Sie haben 6 Möglichkeiten der Leistungsbenennung. Wenn Sie die Notentendenzen hinzunehmen oder mit dem Notenpunktesystem der gymnasialen Oberstufe arbeiten, stehen Ihnen sogar 16 Möglichkeiten der Leistungseinteilung zur Verfügung.

4.1 Das Noten- und Bewertungssystem

Obwohl die Notengebung rechtlich von den einzelnen Bundesländern festgelegt wird, ist das Noten- und Punktesystem durch Beschluss der Kultusministerkonferenz (KMK) in ganz Deutschland einheitlich geregelt, wie in der Tabelle dargestellt. In der letzten Spalte der Übersicht ist der prozentuale

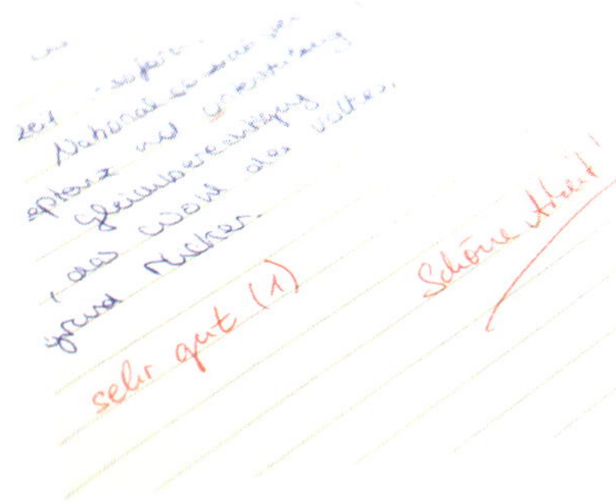

Mindestanteil an der Gesamtleistung dargestellt, der für eine Note in der Abiturprüfung erreicht werden muss. Nach der aktuellen Vereinbarung der Kultusministerkonferenz wird er auch als mindestens zu erreichender Anteil an *Bewertungseinheiten* (BE) bezeichnet. Alternativ kann auch von *Bewertungs-*, *Verrechnungs- oder Gewichtungspunkten* oder auch nur von *Punkten* gesprochen werden. Die Bewertung der schriftlichen Abiturprüfungen soll entsprechend dieser Verteilung erfolgen. Laut KMK-Beschluss sollen die Schüler in der Qualifikationsphase, also in den zwei Schuljahren vor dem Abitur, an diesen Bewertungsmaßstab herangeführt werden.[25]

Note	Notendefinition	Noten mit Tendenzen	Notenpunkte	Mindestanteil BE
sehr gut	Leistung entspricht den Anforderungen in besonderem Maße	1 +	15	95 %
		1	14	90 %
		1 –	13	85 %
gut	Leistung entspricht voll den Anforderungen	2 +	12	80 %
		2	11	75 %
		2 –	10	70 %
befriedigend	Leistung entspricht im Allgemeinen den Anforderungen	3 +	9	65 %
		3	8	60 %
		3 –	7	55 %
ausreichend	Leistung weist zwar Mängel auf, entspricht aber im Ganzen noch den Anforderungen	4 +	6	50 %
		4	5	45 %
		4 –	4	39 %
mangelhaft	Leistung entspricht nicht den Anforderungen, lässt jedoch erkennen, dass trotz deutlicher Verständnislücken die notwendigen Grundkenntnisse vorhanden sind	5 +	3	33 %
		5	2	27 %
		5 –	1	20 %
ungenügend	Leistung entspricht nicht den Anforderungen und lässt selbst die notwendigen Grundkenntnisse nicht erkennen	6	0	0 %

4.2 Vom Erwartungshorizont zum Bewertungsraster

Eine Bewertung ist eine Überprüfung, ob etwas mit bestimmten Wertvorstellungen übereinstimmt oder nicht. Sie kann nicht „im luftleeren Raum" stattfinden. So werden diese „Wertvorstellungen" in der Schule durch Anforderungen oder Erwartungen definiert, die durch die curricularen Bildungsstandards und eine Lehrkraft festgelegt sind. Im Idealfall sollte also jede schriftliche Arbeit, an der die Schülerleistung bemessen wird, an einen Erwartungshorizont gebunden sein. Dieser skizziert grob die Anforderungen der Aufgabenstellung und dient als Bezugspunkt bzw. als Orientierungshilfe, mit der die Schülerleistung abgeglichen wird.

Der Erwartungshorizont einer schriftlichen Arbeit sollte sich wiederum an den im Unterricht erarbeiteten Lernzielen orientieren und damit direkt die Unterrichtsinhalte aufgreifen (Validität durch Lernzielorientierung).

Ein Erwartungshorizont kann entweder relativ inhaltsoffen, also mit allgemeinen und immer wieder verwendbaren Kompetenzbeschreibungen, oder aber mit einem konkreten Themen- und Textbezug (inhaltsbezogen) formuliert sein. Den Lehrkräften bieten sich viele unterschiedliche Möglichkeiten der Gestaltung. So kann ein Erwartungshorizont stichwortartige Listen oder ausformulierte Textpassagen enthalten, wobei er in der Regel aber keine ausführliche Musterlösung darstellen sollte. Es gibt Erwartungshorizonte mit für jede Notenstufe definierten Mindestanforderungen oder aber mit Definitionen einer *guten* Leistung im Vergleich zu einer *ausreichenden*. In zentralen Prüfungen wie dem Abitur werden Erwartungshorizonte für Klausuren zentral vorgegeben.

Ordnet man den einzelnen Anforderungen genaue Bewertungseinheiten oder Benotungen zu, wird aus dem Erwartungshorizont ein Bewertungsraster (auch Bewertungsbogen), das zentrale Instrument einer kriterienorientierten Bewertung.

Der Unterschied zwischen einer Bewertung, die mit einem Raster durchgeführt wird, und einer, die ganzheitlich erfolgt, liegt in der Ausdifferenzierung. Durch ein Bewertungsraster werden die Anforderungen in möglichst viele einzelne Kriterien unterteilt, die dann nicht zusammengefasst, sondern separat voneinander bewertet werden. Die Summe an einzelnen Bewertungen ergibt die Note einer Arbeit. Je ausdifferenzierter die Anforderungen – so die Intention –,

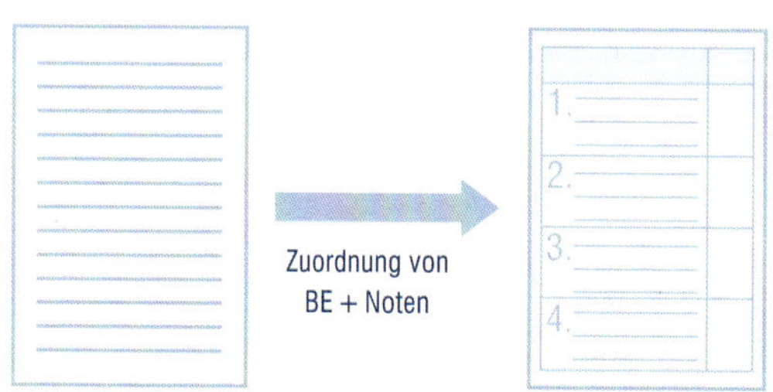

desto transparenter soll die Bewertung letztlich sein. Solch ein Bewertungsraster ähnelt daher auch einer in der empirischen Sozialforschung verwendeten Skala eines psychologischen Tests oder Fragebogens *(multi-item scale)*, sodass sich oft auch der aus der Empirie übernommene Begriff *Item* für ein Bewertungskriterium findet.

Das Bundesland Nordrhein-Westfalen erstellt für seine Lehrkräfte in schriftlichen Abiturprüfungen Bewertungsraster mit einer genauen und kriterienorientierten Zuordnung an zu erreichenden Bewertungspunkten. Diese Bewertungsraster sind die rechtlich bindende Grundlage für die Benotung der Abiturklausuren.

4.3 Gestaltung eines Bewertungsrasters

Ein Bewertungsraster ist nicht nur für die korrigierende Lehrkraft als Hilfe, sondern auch für die Schüler als Information über den Bewertungsprozess gedacht. Daher sollte es bei der Rückgabe einer Klassenarbeit oder Klausur an die Schüler ausgegeben werden. Durch die Vergabe von Bewertungseinheiten in dem Raster können die Schüler die Bewertung genau nachvollziehen und verstehen (Transparenz). Deshalb bietet es sich an, ein Bewertungsraster adressatenorientiert zu gestalten. In der Sekundarstufe I können Sie die Du-Form, in der gymnasialen Oberstufe die Sie-Form verwenden. Nur in zentralen Prüfungen wird ein Bewertungsraster distanziert im Passiv oder in der 3. Person Singular verfasst, da das Raster in diesem Fall ausschließlich als Orientierungshilfe für die Korrektoren und als rechtliches Dokument fungiert.

Bei der Gestaltung eines Bewertungsrasters teilen Sie Ihre Erwartungen und Anforderungen in sinnvolle Kriterien ein und ordnen Sie jedem einzelnen Kriterium eine bestimmte Anzahl an Bewertungseinheiten zu. Achten Sie darauf, dass sich einzelne Bewertungskriterien nicht inhaltlich doppeln.

Die Summe der von Ihnen eingetragenen Bewertungseinheiten ergibt die Gesamtleistung, die Sie dann noch in eine Schulnote umrechnen müssen:

Kriterien	erreichte BE	erreichbare BE
Bewertungskriterium 1	8	10
Bewertungskriterium 2	5	5
Bewertungskriterium 3	5	10
Summe	18	25

Diese Umrechnung kann auch vermieden werden, wenn Sie anstatt Bewertungseinheiten Teilnoten vergeben, die sich am traditionellen Notenspektrum orientieren. Die Bewertung nach Teilnoten ist allerdings nur sinnvoll, wenn Sie Ihre Anforderungskriterien nicht zu stark ausdifferenzieren wollen. Dann aber sollten Sie die einzelnen Anforderungen unterschiedlich *gewichten*, denn nicht jedes Kriterium sollte in gleichem Maße in die Bewertung einfließen. Versehen Sie dazu die vergebene Teilnote mit einem Faktor. Die Gesamtnote ergibt sich dann aus dem *Durchschnitt* der unterschiedlich gewichteten Teilnoten:

Kriterien	Teilnote	Gewichtung
Bewertungskriterium 1	2	x 2
Bewertungskriterium 2	1	x 1
Bewertungskriterium 3	4	x 2
Note	3+	

Die Bewertung ist zudem transparenter, wenn Sie die einzelnen fachspezifischen Bewertungskriterien inhaltlich genau ausformulieren. Allerdings erfordert diese Gestaltung weitaus mehr Zeit als eine inhaltsoffene Formulierung, denn Sie müssen die Aufgabenstellung selber bearbeiten und die Ergebnisse präzise herausarbeiten. Entscheiden Sie situationsangemessen, ob und wann Sie ein Bewertungsraster inhaltsoffen oder stärker inhaltsbezogen gestalten:

Inhaltsoffene Formulierung	Inhaltsbezogene Formulierung
Sie analysieren den Text gemäß Aufgabenstellung und erläutern dabei umfassend alle wesentlichen Aspekte.	Sie haben den Text analysiert und dabei Folgendes beschrieben und erläutert: • Einleitung (Z. 1–20): Nennung der Pro-Kopf-*Verschuldung* in der Bundesrepublik + Bezugnahme auf die europäische *Währungskrise* (Z. 1–10) → Dramatisierung der ökonomischen Lage • Sinnabschnitt 2 (Z. 21–35): Auflistung *wirtschaftspolitischer Entscheidungen* seit 1990 … • Sinnabschnitt 3 (Z. 36–45): …

Auch ein inhaltsoffenes Bewertungsraster kann einer verlässlichen Bewertung gerecht werden. Es lässt meist einen größeren Interpretationsspielraum der Schüler zu. So bewertet man meist wohlwollender und großzügiger, ist allerdings zugleich weniger transparent.

Vor allem in der Oberstufe können auch leistungsdifferenzierende Formulierungen die Bewertung komplexer Anforderungen erleichtern. Meist wird dann die Vergabe von Bewertungseinheiten in 2 Abstufungen angegeben, was in etwa die Noten *sehr gut* und *ausreichend* widerspiegelt:

20 BE (volle Punktzahl) entsprechende Leistung	**10 BE (halbe Punktzahl) entsprechende Leistung**
• Inhalt und Gedankengang des Textes werden mit deutlicher Akzentuierung herausgearbeitet. • Eine auf Grundlage breiter Kontextkenntnisse begründete und differenzierte Argumentation wird entwickelt.	• Die Hauptaussagen des Textes werden zutreffend zusammengefasst. • Eine sachgerechte Argumentation wird entwickelt.

In der Sekundarstufe I können Sie auch Symbole und Piktogramme einsetzen (visualisierte Bewertung). Meist werden dann 3 oder 4 Abstufungen verwendet. Um die anschließende Umrechnung in eine Note transparent zu gestalten, stellen Sie einen Bezug zu Bewertungseinheiten her. Seien Sie sich jedoch bewusst, dass wenige Abstufungen Ihren Bewertungsspielraum einschränken:

zutreffend	**meist z.**	**selten z.**
★★	★☆	☆☆
2 BE	1 BE	0 BE

erfüllt	**meist e.**	**selten e.**	**nicht e.**
😊	🙂	😐	🙁
3 BE	2 BE	1 BE	0 BE

Selbstverständlichkeiten wie eine lesbare Handschrift sollten in der Regel keinen großen Einfluss auf die Benotung einer Klassenarbeit nehmen. Um gravierende Verstöße dagegen dennoch zu ahnden, kann ein Malus ausgewiesen werden, der nur im Ausnahmefall wirksam wird. Außergewöhnliche Leistungen können hingegen durch einen Bonus gewürdigt werden:

Kriterien	BE max.	davon erreicht
Reguläres Bewertungskriterium	4	4
Malus: Du hast teilweise unlesbar geschrieben.	(-1)	- 1
Bonus: Dein sprachlicher Ausdruck ist besonders vielseitig, ausgefeilt und anspruchsvoll.	(1)	1
Summe	4	4

Für Deutscharbeiten in der Sekundarstufe I ist es empfehlenswert, das Bewertungsraster in relativ gleichrangige Blöcke zu unterteilen, entweder in 2 (*Inhalt*, *Sprache*) oder 3 (*Inhalt, Ausdruck, Sprachrichtigkeit*). Damit gelingt es Ihnen, neben den inhaltlichen auch wichtige sprachliche Lernziele einer Unterrichtsreihe systematisch und gebührend zu erfassen:

1. Inhalt (mit Textaufbau)		BE
I	...	
I	...	
I	...	
I	...	
	Summe Inhalt:	

2. Sprache		BE
A	Ausdruck: ...	
R	Rechtschreibung	
Z	Zeichensetzung	
G	Grammatik	
	Summe Sprache:	

In Klausuren der gymnasialen Oberstufe steht hingegen der inhaltliche bzw. fachliche Diskurs im Vordergrund (→ S. 17). Dem gegenüber als zweitrangig gilt die *Darstellungsleistung*, also das Verfassen eines sachlich-neutralen, anspruchsvollen und fehlerfreien Textes. Da diese eine immer gleiche Voraussetzung ist, kann sie standardisiert ausgewiesen werden. Beachten Sie, dass die Darstellungsleistung nicht nur sprachliche Anforderungen, sondern auch die Organisation von Inhalten umfassen kann:

Darstellungsleistung	
I	**Organisation von Inhalten** (Textaufbau/Gedankenführung): Sie haben die Inhalte sinnvoll gegliedert, leserführend und kohärent organisiert. Sie schreiben schlüssig und widerspruchsfrei.
A	**Sprachlicher Ausdruck:** Ihre Wortwahl ist treffend und eindeutig. Sie schreiben durchgehend sachlich-neutral, abwechslungsreich und der Textsorte angemessen (Schreibstil). Fremde Aussagen, z.B. aus einer Textvorlage, werden distanziert wiedergegeben (Modalität).
R Z G	**Sprachrichtigkeit:** Rechtschreibung, Zeichensetzung und Grammatik sind korrekt.

Bewertungsraster sollten einen bestimmten Umfang nicht überschreiten. Jedes Raster, das länger als 2 DIN-A4-Seiten ist, wird unübersichtlich und erfüllt seine Funktion als Feedback-Dokument nicht mehr. Manche Autoren favorisieren eine Begrenzung sogar auf 1 Seite.

In Bezug auf den Umfang sollten die von den Behörden vorgegebenen, sehr umfangreichen Bewertungsraster für zentrale Prüfungen nicht als Beispiel dienen, denn sie sind in erster Linie rechtliche Dokumente. Bei Ihren Klausuren und Klassenarbeiten sollte hingegen der pädagogisch-didaktische Nutzen im Vordergrund stehen.[26]

Bewertungsraster im Downloadmaterial

Im Download-Material zu diesem Buch finden Sie neben den im Anhang abgedruckten Bewertungsrastern noch einige weitere Muster und Vorschläge. Die Dateien liegen im Format DOCX vor (*Word*-Dateien). Dadurch können Sie die Dokumente Ihren individuellen Bedürfnissen anpassen und eigene Formulierungen von Bewertungskriterien einfügen.

Näheres zum Download erfahren Sie auf S. 128.

4.4 Wie wird nach einem Raster bewertet?

Mit etwas Übung ermöglicht ein Bewertungsraster es Ihnen, eine Arbeit nur ein einziges Mal zu lesen und dabei gleichzeitig zu korrigieren und zu bewerten. Die Bewertung kann so sukzessive nach inhaltlichen Abschnitten, methodischen Arbeitsschritten oder einzelnen Aufgabenbereichen erfolgen.

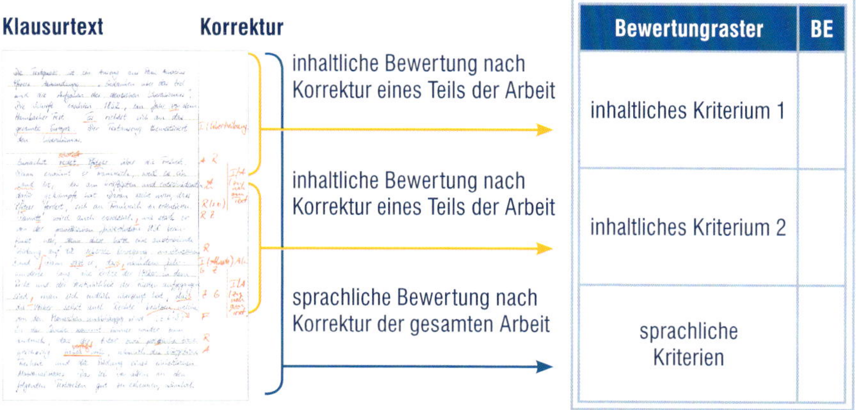

Die Vergabe von Bewertungseinheiten oder Teilnoten ist im Einzelfall immer eine Ermessensentscheidung der korrigierenden Lehrkraft. Gegenüber der ganzheitlichen Bewertung hat die Verwendung eines Rasters den Vorteil, dass sich eine Fehlentscheidung durch die Lehrkraft bei einem einzelnen Kriterium weniger stark auswirkt als eine Fehlentscheidung bei der Vergabe einer einzigen Note für den gesamten Schülertext. Die Ausdifferenzierung nach Kriterien minimiert also die Gefahr, eine unsachgemäße Gesamtnote zu vergeben.

Bei bestimmten Bewertungskriterien ist es eindeutig, wie viele Bewertungspunkte bei welcher Leistung zu vergeben sind. Das ist immer dann der Fall, wenn Kriterien quantifizierbar sind und meist in Listen stichwortartig aufgeführt werden:

Bewertungskriterium	erreichte BE	erreichbare BE
Folgende Sachverhalte hast du genannt und erläutert: • 1 ✓ • 2 ✓ • 3 f • 4 ✓	3	4

Wenn Bewertungskriterien aber nicht quantifizierbar sind und es eventuell auf eine zusammenhängende, komplexe Darstellung eines Sachverhaltes ankommt, ist die Vergabe von Bewertungspunkten manchmal schwierig. Diese Schwierigkeit resultiert daraus, dass man nicht nur der individuellen Leistung der jeweiligen Schülerin oder des jeweiligen Schülers gerecht werden, sondern im Vergleich zu den anderen Schülern auch *verhältnismäßig* bewerten will. Die Entscheidungen gestalten sich erst recht schwer, wenn es sehr viele Punkte gibt, wie das folgende Beispiel zeigt:

Bewertungskriterium	erreichte BE	erreichbare BE
Du hast die Problematik X umfassend analysiert.	?	20

Um diese Schwierigkeiten zu umgehen, kann man *weniger Punkte* vergeben und dann anschließend gewichten:

Bewertungskriterium							erreichte BE	erreichbare BE
Du hast die Problematik X umfassend analysiert.	😆 4	🙂 3	😐 2	🙁 1	☹ 0	Gew.	10	20
			X			x5		

Dieses Beispiel enthält 5 Wahlmöglichkeiten zur Punktevergabe. Durch diese relativ wenigen Möglichkeiten ist es für Sie einfacher und schneller, eine Entscheidung zur Leistungseinschätzung treffen. Vermeiden Sie also auf jeden Fall, sich selbst vor mehr Entscheidungsmöglichkeiten zu stellen als nötig.

Wenn Sie trotz aller Sorgfalt bei Ihrer Vorbereitung erst bei der Korrektur merken, dass Aufgaben zu schwierig oder zu umfangreich sind und Schülertexte aufgrund dessen nicht in Ihr Bewertungsraster passen, dann sollten Sie wohlwollender nach dem Grundsatz „in dubio pro reo" („im Zweifel für den Angeklagten") Punkte vergeben.

Wie werden Kreativität und Originalität bewertet?

Bei produktionsorientierten Deutscharbeiten in der Sekundarstufe I kann es durchaus sein, dass Kreativität (Fantasie, Ideen) oder Originalität in die Bewertung einfließen soll. Diese Kriterien sind oft nur intuitiv bewertbar, da sie von persönlichen Präferenzen und dem Zeitgeist abhängen. Der eine mag den Bruch mit althergebrachten Textmustern, der andere verlangt das genaue Gegenteil. Die eine mag ein offenes Ende und ausführliche Figurenbeschreibungen, die andere bevorzugt ein Happy End und eine ereignisreiche Handlungsabfolge. Die Entscheidung, ob ein Text besonders kreativ oder originell ist, ist also eine Ermessenssache der jeweiligen Deutschlehrerin oder des jeweiligen Deutschlehrers. Deshalb empfiehlt es sich, Kreativität und Originalität, wenn sie nicht genauer eingegrenzt werden, nur mit Bonuspunkten zu honorieren. Diese können dann eine Note verbessern, aber nicht verschlechtern.

Es gibt aber die Möglichkeit, den kreativen Prozess der Schüler stark zu lenken: So kann man die Aufgabenstellung sehr eng an Fragen oder Kontexten orientieren und dann bei der Bewertung evaluieren, ob der vorgegebene Kontext beachtet oder alle Fragen beantwortet worden sind. Das stellt die Bewertung auf eine bessere Grundlage.

Wie werden sprachliche Fehler bewertet?

Sprachliche Fehler (Rechtschreibung, Grammatik, Ausdruck) sind in der Regel quantifizierbar. Bedenken Sie, dass diese in der Regel im Verhältnis zum Umfang eines Textes zu bewerten sind. Gerade in den Fremdsprachen und manchmal auch im Deutschunterricht der Sekundarstufe I wird deshalb ein Fehlerquotient errechnet. Der Fehlerquotient, auch Fehlerdichte genannt, ist der prozentuale Anteil von Fehlern im Verhältnis zur Gesamtzahl der Wörter eines Textes. Er wird folgendermaßen berechnet:

$$\frac{\text{Fehleranzahl}}{\text{Wörteranzahl}} \cdot 100 = \text{Fehlerquotient (\%)}$$

Wenn eine Schülerin bei einem Text mit insgesamt 200 Wörtern zum Beispiel 5 Rechtschreibfehler gemacht hat, hat sie einen Fehlerquotienten von 2,5 %. Je höher der Fehlerquotient ist, desto weniger Bewertungspunkte erhält sie. Dazu sollte man sich eine Umrechnungstabelle wie diese anlegen:

Fehlerquotient	0,1 %–1,0 % ▼	1,1 %–2,0 % ▼	2,1 %–3,0 % ▼	3,1 %–4,0 % ▼	4,1 %–5,0 % ▼	≤ 5,1 % ▼
Teilnote	1	2	3	4	5	6
BE	3	2	1		0	

Um Zeit bei der Korrektur zu sparen, vermeiden Sie es, die Wörter der Schülertexte selbst zu zählen. Überlassen Sie das den Schülern, die dann die ermittelte Wörteranzahl unter ihre Arbeit schreiben, oder rechnen Sie eine ungefähre Wörterzahl ausgehend von den ersten Zeilen hoch. Achten Sie darauf, dass es manchmal Vorgaben für die Berechnung und Gewichtung eines Fehlerquotienten gibt.

Der Textumfang von Deutscharbeiten der Sekundarstufe I kann je nach Bundesland, Schule, Jahrgangsstufe oder Bildungsmilieu stark variieren. Deshalb ist es auch schwierig, Rechtschreibung, Grammatik und Ausdruck nach einem festen Schema mit absoluten Fehlerzahlen (ohne Fehlerquotient) zu bewerten. Das folgende Schema, das absolute Fehlerzahlen zugrunde legt, bezieht sich auf frei geschriebene Schülertexte mit etwa 200 bis 300 Wörtern Länge:

Fehleranzahl	0–1	2–4	5–7	8–10	11–13	≤ 14
Teilnote	1	2	3	4	5	6
BE	3	2	1		0	

Diese Skala wird allerdings „schief", sobald eine Schülerin oder ein Schüler auffällig mehr als 300 Wörter oder signifikant weniger als 200 Wörter schreibt.

Richten Sie eine Skala am besten an Ihren persönlichen Erfahrungswerten zum Umfang von Schülertexten aus. Um ein mögliches Missverhältnis zwischen Umfang und Fehleranzahl auszugleichen, können Sie nach Augenmaß auch einen Malus oder einen Bonus einsetzen (→ S. 72).

In der gymnasialen Oberstufe wird eine solche Skala im Fach Deutsch zur Bewertung von sprachlichen Fehlern oder ein Fehlerquotient in der Regel nicht mehr angewandt, wahrscheinlich weil inhaltliche Anforderungen bei Weitem überwiegen und daher der Aufwand für die Berechnung eines Fehlerquotienten zu hoch wäre. Nordrhein-Westfalen beispielsweise gibt dezidiert vor, einen Fehlerquotienten zumindest in Deutsch-Klausuren nicht zu errechnen.[27] Wie aber soll man ohne Fehlerquotienten bei der Punktevergabe verfahren? In schriftlichen Arbeiten der Oberstufe kann man als korrigierende Lehrkraft ungefähr die Fehlerzahl pro Seite einschätzen und danach entscheiden, ob und inwiefern Bewertungspunkte abgezogen werden oder nicht. Das Land Niedersachsen zum Beispiel empfiehlt für Deutschklausuren bei durchschnittlich 5 Verstößen gegen die Sprachrichtigkeit pro Seite einen Abzug von 1 Notenpunkt von der Endnote, bei 7 und mehr Verstößen einen Abzug von 2 Notenpunkten. Ein „rein quantifizierendes Verfahren" – so die niedersächsische Landesschulbehörde – sei dabei allerdings „nicht sachgerecht".[28] Schleswig-Holstein hingegen empfiehlt für das Abitur in Deutsch die folgende Berechnung sprachlicher Fehler:[29]

Notenbereiche	1	2	3	4	5	6
1 Fehler auf	≥150 Wörter	149–100 Wörter	99–70 Wörter	69–40 Wörter	39–20 Wörter	19–0 Wörter

Allerdings lässt auch Schleswig-Holstein seinen Lehrkräften einen gewissen Spielraum dafür, mit welcher Gewichtung die Note für „sprachliche Qualität" mit derjenigen für „inhaltliche Qualität" verrechnet wird („fachliche Einschätzung").

4.5 Umrechnung von Bewertungseinheiten in Noten

Wenn man ein Raster mit Bewertungseinheiten verwendet und diese schließlich addiert hat, erhält man die Gesamtpunktzahl. Im Abitur sind es in der Regel 100 Punkte, woraus sich die Note nach der bereits vorgestellten KMK-Bewertungsskala ergibt.

Will man in einer Klausur diese Skalierung übernehmen, jedoch weniger als 100 Gesamtpunkte vergeben, kann man die Note, die dem Mindestanteil an Bewertungseinheiten entspricht, direkt mithilfe folgender Formel errechnen:

$$p = \frac{W \cdot 100}{G}$$

Errechnet wird damit der *Anteil an der Gesamtleistung* in Prozent, der Prozentsatz (p). *Die erreichten Bewertungseinheiten* entsprechen dem Prozentwert (W) und die *erreichbaren Bewertungseinheiten* dem Grundwert (G):

Hat ein Schüler zum Beispiel 40 von insgesamt 55 erreichbaren Bewertungseinheiten bekommen, dann hat er 74,73 % der Gesamtleistung erbracht, was nach der KMK-Skala die Note *gut minus* ergibt.

Um sich das Rechnen bei jeder Klausur oder Klassenarbeit zu ersparen, bietet es sich an, eine Umrechnungstabelle (z. B. mit einer Tabellenkalkulation wie *Microsoft Excel* oder *Calc* in *OpenOffice*) wie die folgende zu erstellen:[30]

Note	Notenpunkte	Mindestanteil BE	100 BE	80 BE	60 BE
1 +	15	95 %	100–95	80–76	60–57
1	14	90 %	94–90	75–72	56–54
1 –	13	85 %	89–85	71–68	53–51
2 +	12	80 %	84–80	67–64	50–48
2	11	75 %	79–75	63–60	47–45
2 –	10	70 %	74–70	59–56	44–42
3 +	9	65 %	69–65	55–52	41–39
3	8	60 %	64–60	51–48	38–36
3 –	7	55 %	59–55	47–44	35–33
4 +	6	50 %	54–50	43–40	32–30
4	5	45 %	49–45	39–36	29–27
4 –	4	39 %	44–39	35–32	26–24
5 +	3	33 %	38–33	31–27	23–20
5	2	27 %	32–27	26–21	19–16
5 –	1	20 %	26–20	20–16	15–12
6	0	< 20 %	19–0	15–0	11–0

Im Hinblick auf das Abitur ist es ratsam, in der gymnasialen Oberstufe die obige Tabelle in den Klausuren zu verwenden. Die Prozentzahl der Bewertungseinheiten, bei der eine Klausur noch gerade als bestanden gilt, liegt bei 45 % (Defizitschwelle). Grau markiert ist der defizitäre Leistungsbereich.

Die Tabelle eignet sich vor allem für die Vergabe von 60 bis 100 Bewertungseinheiten. Bei 30 und weniger Bewertungseinheiten ist eine gleichmäßige Differenzierung nach Notentendenzen gemäß der vorgegebenen Prozentwerte kaum noch möglich. In diesem Zusammenhang kann man sich einen wichtigen Grundsatz merken: Je geringer die zu erreichende Gesamtpunktzahl ist, desto mehr fallen einzelne Bewertungspunkte ins Gewicht und verändern dementsprechend die Note. Dadurch besteht die Gefahr von unverhältnismäßigen Notenverschiebungen.

Notenberechnung nach anderen Skalierungen

Die KMK-Bewertungsskala ist für Abiturprüfungen mit überaus anspruchsvollen und komplexen Aufgabenstellungen konzipiert und eignet sich nur bedingt für die Sekundarstufe I. So beginnt in der Unter- und Mittelstufe der weiterführenden Schulen der defizitäre Leistungsbereich erst ab der Note *mangelhaft*, und nicht bei der Notentendenz *ausreichend minus* (4 Notenpunkte). Würde man auch hier die für das Abitur geltende Bewertungsskala übernehmen, hätte das zur Folge, dass man mit 39 % der Gesamtleistung noch nicht im defizitären Leistungsbereich läge. Eine Arbeit würde so bei weit weniger als der Hälfte der erwarteten Leistung noch als bestanden gelten (zu 60 % nicht den Anforderungen entsprochen), was sehr großzügig erscheint. Je weniger anspruchsvoll und komplex eine Arbeit gestaltet ist, desto mehr kommt man mit dieser Rechnung bei der Leistungsbemessung in eine Schieflage und desto weniger werden Leistungsschwächen aufgedeckt.

Aus diesem Grund ist es üblich, die Defizitschwelle in der Sekundarstufe I höher anzusetzen. Die folgende, weit verbreitete Notenskalierung (ohne Notentendenzen) berücksichtigt diesen Umstand. Hier beginnt der defizitäre Leistungsbereich genau wie in der Oberstufe bei 44 Prozentpunkten, was hier der Note *mangelhaft* entspricht:

Note	Min.	%-Pkt.	100 BE	60 BE	30 BE
1	96 %	5	100–96	60–58	30–28
2	80 %	16	95–80	57–48	27–24
3	60 %	20	79–60	47–36	23–18
4	45 %	15	59–45	35–27	17–15
5	16 %	29	44–16	26–10	13–5
6	0 %	16	15–0	9–0	4–0

Es gibt auch Argumente dafür, die Defizitschwelle bei Klassenarbeiten in der Sekundarstufe I auf die Hälfte (50 %) der Gesamtleistung anzuheben. In den USA ist es oft sogar üblich, eine Prüfung schon ab 59 % der erbrachten Leistung als nicht bestanden zu werten *(F = failure)*.

Die folgende Notenskala ist ein Vorschlag für die Sekundarstufe I, in der die Defizitschwelle bei 50 % liegt. Hier wird versucht, auch die Tendenzen relativ gleichmäßig zu verteilen (je 12 Prozentpunkte im Notenbereich *sehr gut* bis *befriedigend* und 15 Prozentpunkte bei *ausreichend*). Der Vorteil an dieser Skala ist, dass sie bei der Prozentverteilung mit ganzen Zahlen auskommt und eine relativ gleichmäßige Skalierung für alleTendenzen vorgibt.

Note	Min.	%-Pkt.	100 BE	60 BE	30 BE
1 +	97 %		100–97	60–58	30
1	93 %	12	96–93	57–56	29–28
1 –	89 %		92–89	55–53	27
2 +	85 %		88–85	52–51	26
2	81 %	12	84–81	50–49	25–24
2 –	77 %		80–77	48–46	23
3 +	73 %		76–73	45–44	22
3	69 %	12	72–69	43–41	21
3 –	65 %		68–65	40–39	20
4 +	60 %		64–60	38–36	19
4	55 %	15	59–55	35–33	18–16
4 –	50 %		54–50	32–30	15
5 +	40 %		49–40	29–24	14
5	30 %	30	39–30	23–18	13–7
5 –	20 %		29–20	17–12	6
6	0 %	20	19–0	11–0	5–0

Die Tabelle zeigt, dass bei 30 zu vergebenden Bewertungseinheiten die gleichmäßige Verteilung bei Notentendenzen nicht mehr einzuhalten ist. Daher werden die Tendenzen durch die jeweiligen Randpunkte gebildet.

In der Sekundarstufe I gibt es auf den Zeugnissen nur ganze Noten, weshalb Sie durchaus auch in Klassenarbeiten auf Notentendenzen verzichten können, was ratsam sein kann, wenn die Summe der Bewertungseinheiten unter 30 liegt.

Der Deutsche Industrie- und Handelskammertag (DIHK) hat eine Notenskala entworfen, die mittlerweile in vielen Berufsschulen angewandt wird. Diese ist pyramidal aufgebaut. Das heißt, dass die Anzahl der Prozentpunkte von *sehr gut* bis in den defizitären Bereich zunehmend größer wird. Auch diese IHK-Bewertungsskala (ohne Notentendenzen) kann durchaus in der Sekundarstufe I Verwendung finden:

Note	Min.	%-Pkt.	100 BE	60 BE	30 BE
1	92 %	9	100–92	60–55	30–28
2	81 %	11	91–81	54–49	27–24
3	67 %	14	80–67	48–40	23–20
4	50 %	17	66–50	39–30	19–15
5	30 %	20	49–30	29–18	14–9
6	0 %	29	29–0	17–0	8–0

Die hier aufgeführten Notenskalen sind nur beispielhafte Vorschläge. Beachten Sie genau, welche Bewertungsmaßstäbe Ihr Bundesland für welche Jahrgangstufen vorschreibt. Es gibt Bundesländer, welche die Verteilung der Bewertungseinheiten bei Klausuren und Klassenarbeiten vollkommen den Lehrkräften überlassen, und andere, die diese genau vorgeben. In vielen Schulen haben sich Lehrkräfte auf schul- oder fachschaftsinterne Skalierungen geeinigt. Dadurch schaffen sie zwar eine gewisse Verbindlichkeit, schränken jedoch auch den individuellen didaktischen Handlungsspielraum massiv ein.

Falls es in Ihrem Bundesland, an Ihrer Schule oder Fachschaft keine diesbezüglichen Vorgaben gibt, liegt die Entscheidung für eine Notenskala bei Ihnen. Achten Sie daher darauf, dass die Skalierung der Noten nach einem begründeten und nachvollziehbaren System erfolgen muss.

Exkurs: Digitales Bewertungsraster

Um die Berechnung von Bewertungspunkten oder Teilnoten zu vereinfachen, können Sie Bewertungsraster in Tabellenkalkulationsprogrammen erstellen. Dazu müssen die einzelnen Bewertungskriterien und Gewichtungen in eine Tabellenkalkulation eingegeben werden, sodass die Berechnung der Note automatisiert erfolgt. Dadurch wäre es auch möglich, Papier zu sparen, wenn Sie den Schülern das Bewertungsraster mailen, anstatt es ihnen zu kopieren.
Entscheiden Sie aber sehr genau, ob Sie digitale Bewertungsraster erstellen wollen: Bedenken Sie, dass ein Computer bei der Korrektur in vielen Fällen auch die Konzentration auf einen Schülertext stören und eine Ablenkungsquelle darstellen kann (→ Kapitel 5).

4.6 Notenbegründung

Traditionell endet die Korrektur einer Textarbeit mit einem Schlusskommentar, in dem die Note durch die Lehrkraft begründet wird. In manchen Bundesländern ist dieser Kommentar obligatorisch und unterliegt bestimmten Vorgaben.

Wortgutachten

Vor allem in zentralen Prüfungen wie dem Abitur ist in einigen Bundesländern ein die Note begründender Kommentar vorgeschrieben. Dieser hat die Funktion eines abschließenden Gutachtens. Solch ein *Wortgutachten* muss *sachlich* und *rechtlich unangreifbar* formuliert sein. Es orientiert sich an einem Erwartungshorizont und den curricularen Vorgaben. Wie ausführlich ein solcher Kommentar gestaltet sein muss und welche Textempfehlungen es gibt, entnehmen Sie den entsprechenden Vorschriften Ihres Bundeslandes. Bayern oder Sachsen schreiben für Abiturklausuren im Fach Deutsch zum Beispiel eine ganzheitliche Bewertung vor.[31] In Bayern ist eine Schlussbemerkung obligatorisch, welche „die wesentlichen Beurteilungskriterien berücksichtigt, in transparenter Weise Auskunft über den erreichten Leistungsstand (Kompetenzerwerb) gibt und auf die Vorzüge wie noch vorhandene Mängel hinweist."[32] Dabei sollte der Wert einer Leistung ganzheitlich erfasst werden; Einzelkriterien – so das bayerische Kultusministerium – „müssen in das Gesamturteil eingehen und es transparent machen, sie können aber nicht an seine Stelle treten."[33]

Wenn Sie einen Schlusskommentar als Notenbegründung – auch für alle anderen Klassenarbeiten und Klausuren neben dem Abitur – verfassen, er-

Online-Gutachten

Die Länder Berlin und Brandenburg bieten ihren Lehrkräften unter http://www.klausurgutachten.de die Möglichkeit an, ein standardisiertes Online-Gutachten für Klausuren in der gesamten gymnasialen Oberstufe zu erstellen.Allerdings sind diese Gutachten recht inhaltsoffen gehalten und verwenden eine spezifische, erklärungsbedürftige Systematik. So sind sie in dieser Form nicht auf andere Bundesländer übertragbar.

leichtern Textbausteine Ihnen die Arbeit. In der Übersicht auf S. 85f. sind einige Formulierungshilfen für Notenbegründungen aufgeführt, die sich auf die Systematik aus Kapitel 2 beziehen. Die recht allgemein gehaltenen Formulierungen dienen zur Gedankenanregung und können in Kombination miteinander frei verwendet werden. Zudem sollten sie durch genaue fachspezifische und thematische Erläuterungen und gegebenenfalls durch Verweise auf den jeweiligen Schülertext ergänzt werden. In diesem Zusammenhang ist auch zu erwähnen, dass eine *mangelhafte* Leistung nicht unbedingt ausführlicher begründet werden muss als eine *gute* oder *befriedigende* Leistung.[34]

Bei der Formulierung der Notenbegründung ist es von Bedeutung, ob diese als Schlusskommentar unter der Arbeit steht (Rückmeldung) oder ein Gutachten für eine zentrale Prüfung ist. Im ersten Fall sollten Sie in der 2. Person Singular, im zweiten Fall entweder im Passiv oder der 3. Person Singular formulieren.

Notenbegründung mittels Bewertungsraster

Einige Bundesländer wie zum Beispiel Nordrhein-Westfalen haben den Schlusskommentar zur Notenbegründung in Abiturklausuren vollständig durch das kriterienorientierte Bewertungsraster ersetzt. Der Vorteil daran ist, dass viel mehr Informationen standardisiert abgedeckt werden können. Viele Lehrkräfte in Nordrhein-Westfalen verwenden daher auch in allen anderen Klausuren und Klassenarbeiten ausschließlich Bewertungsraster und verzichten auf ausformulierte Notenbegründungen. Sie haben die Erfahrung gemacht, dass ein Schlusskommentar das Bewertungsraster nur paraphrasiert, wodurch er redundant wird.

Tatsächlich haben sich Bewertungsbögen als Rückmeldung an die Schüler bewährt und meist Schlusskommentare zur Notenbegründung überflüssig gemacht.

Kategorie		oberer Leistungsbereich	mittlerer Leistungsbereich	defizitärer Leistungsbereich
Inhalt	Richtigkeit	• inhaltlich fehlerfrei / sachgerecht	• in weiten Teilen sachgerecht	• erhebliche Sachfehler
	Genauigkeit und Vollständigkeit	• Aufgabenstellung vollumfänglich erfüllt • (höchst) genau / präzise / differenziert / kenntnisreich / breit ausgeführt / angelegt • methodisch durchgängig sicher • saubere Trennung zwischen eigenen und fremden Aussagen • Sachverhalte mit allen erforderlichen Fachbegriffen dargestellt	• Aufgabenstellung weitgehend erfüllt • überwiegend / meist präzise / differenziert ausgeführt / angelegt • methodisch weitgehend sicher • übernommene Aussagen zum Teil nicht auf Urheber zurückgeführt • Sachverhalte meist mit erforderlichen Fachbegriffen dargestellt	• Aufgabenstellung nur ansatzweise / nicht erfüllt • in Teilen ungenau / unpräzise / zu allgemein / pauschal / oberflächlich / unvollständig / lückenhaft • deutliche Wissenslücken • keine saubere Trennung zwischen eigenen und fremden Aussagen • statt erforderlicher Fachbegriffe oft unpräzise Umschreibungen
	Relevanz	• durchgehend der Aufgabenstellung folgend	• einige Nebensächlichkeiten / Trivialitäten	• deutliche Abweichung von der Aufgabenstellung (Thema verfehlt)
	Eigenleistung	• ausdifferenzierter eigener Standpunkt • überzeugende Schlussfolgerung / Deutung, die durch eine zielführende Begründung gestützt wird • sinngemäße Wiedergabe der Textvorlage (in eigenen Worten, verkürzt, strukturiert) • deutungsbedürftige Metaphern und Begriffe erläutert/aufgelöst • ideenreich / kreativ / originell	• weitgehend nachvollziehbarer Standpunkt • im Wesentlichen tragfähige Schlussfolgerung / Deutung • trotz weitgehend sinngemäßer Wiedergabe jedoch zu nah am Text, zu ausführlich und unstrukturiert • deutungsbedürftige Begriffe / Metaphern nicht immer aufgelöst / erläutert • weitgehend stimmig und ideenreich	• kein stichhaltig begründeter Standpunkt • keine tragfähige Schlussfolgerung / Deutung • fehlerhafte / nicht stimmige Begründung • sinnverfälschende / lückenhafte / beinahe wörtliche Wiedergabe der Textvorlage (nur ansatzweise erfasst) • keine Erläuterung deutungsbedürftiger Begriffe und Metaphern

Kategorie		oberer Leistungsbereich	mittlerer Leistungsbereich	defizitärer Leistungsbereich
Inhalt	Klarheit	• durchgehend klar/allgemeinverständlich	• weitgehend klar/allgemeinverständlich	• zum Teil unverständlich
Inhalt	Struktur und Kohärenz	• sinnvolle und übersichtliche Gliederung • leserführende Überleitungen	• im Wesentlichen nachvollziehbar gegliedert, in Teilen aber redundant • nur zum Teil mit leserführenden Überleitungen	• in weiten Teilen zusammenhanglose Darstellung • verworren, unübersichtlich, unstrukturiert, redundant
Inhalt	Logik	• durchgehend schlüssig	• weitgehend stimmig und folgerichtig	• Häufung von Widersprüchen/Tautologien
Rechtschreibung		• orthografisch nahezu fehlerfrei	• im Wesentlichen orthografisch korrekt	• Häufung orthografischer Fehler
Grammatik und Zeichensetzung		• grammatikalisch nahezu fehlerfrei	• im Wesentlichen grammatikalisch korrekt	• Häufung grammatikalischer Fehler
Ausdruck	Lexik	• lexikalisch fehlerfrei • besonders differenzierende, vielseitige, flexible, abwechslungsreiche Wortwahl (breiter Wortschatz)	• weitgehend passende Wortwahl • insgesamt abwechslungsreich	• Häufung lexikalischer Verstöße • deutlich eingeschränkter/begrenzter Wortschatz • erhebliche Wortschatzlücken
Ausdruck	Stilistik	• stilistisch der Textsorte angemessen und sicher	• stilistisch der Textsorte überwiegend angemessen • einige stilistische Unsicherheiten	• stilistisch kaum/nicht der Textsorte angemessen • unklare oder nur einfache Satzmuster
Ausdruck	Modalität	• durchgehend sachlich-neutrale Wiedergabe von Aussagen und Thesen	• meist sachlich-neutrale Wiedergabe von Aussagen und Thesen	• nicht angemessene Wiedergabe von Aussagen mit teilweise wörtlichen Übernahmen
Formalien		• saubere äußere Gestaltung (lesbar, übersichtlich) • syntaktisch elegante Einbettung von Zitaten	• überwiegend lesbar und übersichtlich • syntaktisch korrekte Einbettung von Zitaten	• unsaubere Gestaltung • in Teilen unlesbar • syntaktisch unpassende Einbindung von Zitaten, was den Lesefluss und den Satzbau zerstört

Kombination von Bewertungsraster und Wortgutachten

Falls in Ihrem Bundesland Bewertungsraster für Klausuren ohne Wortgutachten nicht verwendet werden dürfen, können Sie aber durchaus für sich selbst ein Raster erstellen, an dem Sie sich bei der Korrektur und Bewertung orientieren. Dieses muss anschließend dann in den Notenbegründungstext übersetzt werden. Das erweist sich oft als einfacher und auch verlässlicher als ohne einen Kriterienkatalog zu arbeiten, zumal ein Schlusskommentar bei einer normalen Arbeit aufgrund seines begrenzten Umfangs nur bestimmte Aspekte der Leistungsbeschreibung herausgreifen und betonen kann. Sie können also beides miteinander kombinieren.

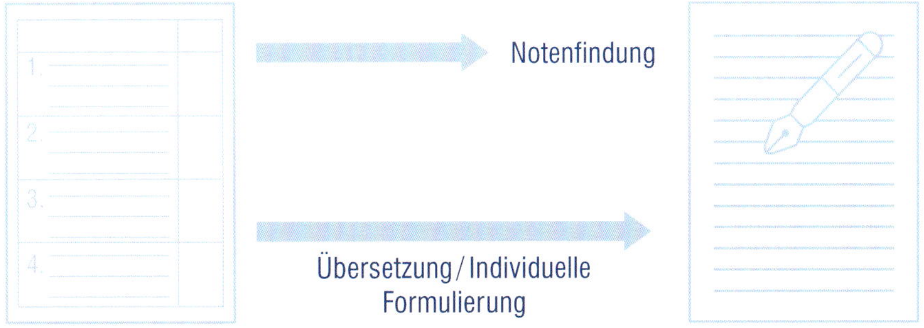

4.7 Pädagogische Schlusskommentare

Da der Schlusskommentar als Notenbegründung oft obsolet geworden ist, viele Lehrkräfte aber auf eine abschließende Bemerkung nicht verzichten wollen, wird diese zunehmend dazu genutzt, den Schülern Hinweise zum Lernen zu geben (pädagogischer Schlusskommentar). Einer Schülerin oder einem Schüler wird mitgeteilt, was in Zukunft verbessert werden sollte oder worauf der Fokus beim Üben gelegt werden kann. In dieser Funktion entspricht der Schlusskommentar einer *individuellen Fördermaßnahme*, die auf den zukünftigen Lernfortschritt einer Schülerin oder eines Schülers abzielt. Es bietet sich dabei an, eine oder zwei besonders auffällige Fehlerarten herauszugreifen und einen Ratschlag zum Lernen zu formulieren. Achten Sie dabei auch auf die *direkte Ansprache*:

> Julia, wiederhole bitte nochmals die Zeichensetzung bei Relativsätzen. Verfasse dazu am besten zuhause kurze Übungstexte, in denen du besonders auf die entsprechenden Regeln achtest.

Solch eine Aufforderung ist als Rückmeldung geeigneter als beispielsweise eine Aufzählung von Fehlern wie diese: „Du machst noch immer übermäßig viele Zeichensetzungsfehler. Auch deine Beherrschung der Rechtschreibung und der Grammatikregeln weist Defizite auf." Solch eine Aufzählung bringt nichts, zumal die Schülerin an den Randkorrekturen oder im Bewertungsbogen selbst sieht, dass sich die Fehler in diesen Bereichen häufen.

Die Rückmeldung dient nicht nur zur Ermittlung des Förderbedarfs, sondern auch dazu, dass die Schüler ihre Selbstwirksamkeit erfahren und von dieser überzeugt werden: Schüler müssen erkennen, dass sie selber etwas bewirken, ihre Leistung positiv beeinflussen können und nicht „Opfer" willkürlicher Bewertung sind (Selbstwirksamkeitsüberzeugung). Diese Überzeugung kann sich lernmotivierend auswirken und langfristig die Leistung der betreffenden Schülerin oder des betreffenden Schülers steigern.

Als Lehrkräfte konzentrieren wir uns zu sehr auf das Finden und Benennen von Fehlern, wohingegen die Wertschätzung von Gelungenem oft vernachlässigt wird. Im englischen Sprachraum gibt es eine andere Kultur der Wertschätzung, die manchmal für Deutschsprachige vielleicht übertrieben wirken mag. Sie wird eingesetzt, um die Schüler gezielt zu bestärken und zum Lernen zu ermutigen (Lernmotivation):

Well done!
Good work!
I'm impressed by the work you've done!
I appreciate your …
It's good to see that you have remembered to …
I enjoyed reading your essay and I like the way you've laid it out.
I'm pleased with the progress you've made.
I feel you haven't put as much work into it as usual. I know you can do better.[35]

Natürlich ist die Leistungsüberprüfung mittels Klassenarbeiten und Klausuren anders gestaltet als im angelsächsischen Sprachraum. Aber wir können von Briten und Amerikanern lernen, dass es in der Schule nicht nur um die Notenfindung geht, sondern dass die Lernmotivation trotz Leistungsmängeln von nicht zu unterschätzender Bedeutung ist. Im Schlusskommentar kann es sich also lohnen, Gelungenes zu bemerken und so die Schüler zu bestärken:

Du hast sehr gut gelernt, denn gegenüber der letzten Klassenarbeit hast du dich diesmal bei der Zeichensetzung wirklich verbessert. Weiter so!

Das Beispiel zeigt, dass ein pädagogischer Schlusskommentar dazu geeignet ist, konkrete individuelle Fortschritte einer Schülerin oder eines Schülers aufzugreifen und zu benennen. Das schafft Motivation. Aber passen Sie auf, dass unter mittelmäßigen und defizitären Leistungen nicht nur Positives steht. Dann fühlen sich Schüler nicht ernst genommen oder auch ungerecht bewertet. Es muss aus den Äußerungen deutlich werden, dass die Gesamtleistung nicht ausreicht und nicht dem erwartbaren Leistungsstand entspricht, dass aber trotzdem Fortschritte erkennbar oder Teilaspekte gelungen sind. Dann kann die betreffende Schülerin oder der betreffende Schüler genau da mit dem Lernen und Üben ansetzen:

> Trotz großer inhaltlicher Mängel hat sich Ihr Ausdrucksvermögen gegenüber der letzten Klausur auffallend zum Positiven gewendet. Ich bin beeindruckt, wie gut Sie die Regeln der Modalität beachtet haben. Sie sind auf gutem Weg!

Manchmal will man im Schlusskommentar eine persönliche Botschaft vermitteln, um zum Beispiel eine schlechte Bewertung abzumildern:

> Schade, leider entspricht diese Arbeit nicht deiner im Unterricht gezeigten guten Leistung.

Solch eine Formulierung zeigt die menschliche Seite einer Lehrerin oder eines Lehrers, die in einem pädagogischen Beruf nicht ausgeblendet werden sollte. Durch Wörter wie „schade“ oder „leider“ offenbart man, dass man ebenso wie die Schülerin oder der Schüler enttäuscht über eine schlechte Leistung ist. Ausrufe wie „Toll!“ oder „Super!“ zeigen, dass man sich mitfreut über eine – vielleicht unerwartet – gute Leistung. Solche emotionalen Bekundungen sollten nicht inflationär und nur nach pädagogischem Ermessen eingesetzt werden. Es muss klar sein, dass sie nur Bestandteil eines pädagogischen Kommentars und nicht Teil einer gutachtenähnlichen Notenbegründung sind.[36]

Nicht jede Arbeit, die mit einem Bewertungsraster korrigiert wird, bedarf eines pädagogischen Kommentars. Wenn ein Schlusskommentar zum Beispiel in Floskeln, also in nichtssagende, formelhafte Redewendungen, auszuarten droht, verzichten Sie lieber auf ihn. Es gibt zudem die Möglichkeit, auf eine noch zu erfolgende mündliche Notenbegründung oder einen pädagogischen Ratschlag hinzuweisen. Dann dient der Schlusskommentar allein der Aufforderung, sich bei der Lehrkraft zu melden:

Melde dich nach der Stunde bitte bei mir, damit ich dir die Note genauer erläutern kann.

Ein Schlusskommentar, der weder die Note begründet noch einen pädagogischen Ratschlag mit auf den Weg gibt, aber trotzdem ein kurzes Lob beinhaltet, könnte folgendermaßen aussehen:

Anton, du hast eine hervorragende Leistung erbracht!
sehr gut minus (1–)
(Unterschrift der Lehrkraft)

4.8 Täuschung und Plagiate

Hin und wieder kommt es vor, dass Schüler eine Arbeit durch unerlaubten Vorteil bewältigen wollen, zum Beispiel durch das Abschreiben bei Mitschülern sowie das Verwenden von Spickzetteln oder Smartphones zur Recherche. Die Gesetze und Verwaltungsvorschriften der Bundesländer regeln, wie mit solchen Täuschungen umzugehen ist. Beispielsweise kann eine Lehrkraft bei Täuschung die gesamte Arbeit mit *ungenügend* bewerten, die betreffende Schülerin oder den betreffenden Schüler nachschreiben lassen oder nur eine Ermahnung aussprechen. In jedem Fall muss für Sanktionen die Täuschungshandlung nachgewiesen werden. Sie kann nicht einfach nur unterstellt werden. Halten Sie sich in solchen Fällen an die behördlichen Vorgaben und besprechen Sie Ihr Vorgehen mit erfahrenen Kollegen oder der Schulleitung.

Das Gleiche gilt auch für Plagiate, also gedankliche und wörtliche Übernahmen fremder Texte oder Textpassagen, vor allem bei der Facharbeit bzw. der *wissenschaftspropädeutischen Seminararbeit am Ende des gymnasialen Bildungsganges* (Bayern). Da diese Arbeit zuhause erstellt wird, ist es für Schüler relativ leicht, Textpassagen aus dem Internet zu kopieren und in ihren Text einzufügen *(copy and paste)*. Das verstößt nicht nur gegen das Urheberrecht, sondern ist auch eine Umgehung der verlangten inhaltlichen und sprachlichen Eigenleistung.

In einigen Fällen kann man durch einen plötzlichen Formatierungswechsel, z. B. eine Änderung der Schriftart, oder durch einen Stilbruch auf ein mögliches Plagiat aufmerksam werden (→ Kapitel 3). Der Nachweis kann nur erfolgen, indem man den Originaltext findet und gravierende Ähnlichkeiten oder gar eine wörtliche Übernahme feststellt.

Bei Verdacht kann man Textteile in Anführungszeichen in eine Suchmaschine eingeben und entsprechende Vorlagen suchen lassen. Eine andere Möglichkeit sind Plagiat-Erkennungs-Programme wie z. B. *PlagScan*.[37]

Was man sich merken kann

- Erstellen Sie ein Bewertungsraster mit möglichst genauer Zuordnung und Gewichtung von Bewertungseinheiten oder Teilnoten.
- Korrigieren und bewerten Sie eine Klassenarbeit oder Klausur in nur einem Korrekturdurchgang, am besten abschnittsweise.
- Vermeiden Sie – wenn es erlaubt ist – eine ausformulierte Notenbegründung und ersetzen Sie diese durch einen kurzen pädagogischen Schlusskommentar.

5 Arbeitsorganisation

In Kapitel 1 wurden die drei Qualitätsmaßstäbe ausgeführt, an denen man sich bei der Planung, Korrektur und Bewertung einer Klassenarbeit oder Klausur orientieren sollte. In diesem Kapitel geht es zum einen darum, durch welche Planung eine den Qualitätsmaßstäben entsprechende Korrektur erreicht werden kann. Zusätzlich geht es um Effizienz: Es soll aufgezeigt werden, welche Maßnahmen geeignet sind, eine qualitative Korrektur und Bewertung zu erreichen und welche nicht. Letztlich geht es darum, den erforderlichen Aufwand für das zu erreichende Ziel im Sinne besserer Arbeitsorganisation und persönlicher Entlastung möglichst gering zu halten.

5.1 Vorausschauende Planung

5.1.1 Unterrichtsplanung und Gestaltung einer Arbeit

Viele Lehrkräfte erstellen eine Klassenarbeit oder eine Klausur erst am Ende einer Unterrichtsreihe – in vielen Fällen unter Termindruck. So kann es vor-

kommen, dass sie erst dann feststellen, dass sich die bereits durchgeführte Unterrichtsreihe in Bezug auf eine Arbeit und überprüfbare Lernziele als ungeeignet erweist. In der Not beziehen manche dann Anforderungen in eine Arbeit ein, die nicht explizit in der Unterrichtsreihe erarbeitet worden sind. In solchen Fällen kann es vorkommen, dass die Schülertexte stark vom Erwartungshorizont abweichen, weil Schüler zum Beispiel bestimmte Arbeitsanweisungen falsch verstehen oder den Anforderungen nicht gerecht werden können. Das zeigt, dass die Vorbereitung einer Arbeit im Unterricht oft entscheidend dafür ist, ob die Korrektur mit größeren Schwierigkeiten verbunden ist.

Um den Qualitätsmaßstäben Validität, Verlässlichkeit und Transparenz gerecht zu werden, ist es sinnvoller, die Erstellung einer Arbeit rechtzeitig bereits in die Unterrichtsplanung einzubeziehen.

Validität durch Lernzielorientierung

Im Grunde geht es bei der vorausschauenden Planung darum, überprüfbare Lernziele für eine Unterrichtsreihe festzulegen und an diesen die Anforderungen der anschließenden Klassenarbeit oder Klausur zu orientieren.

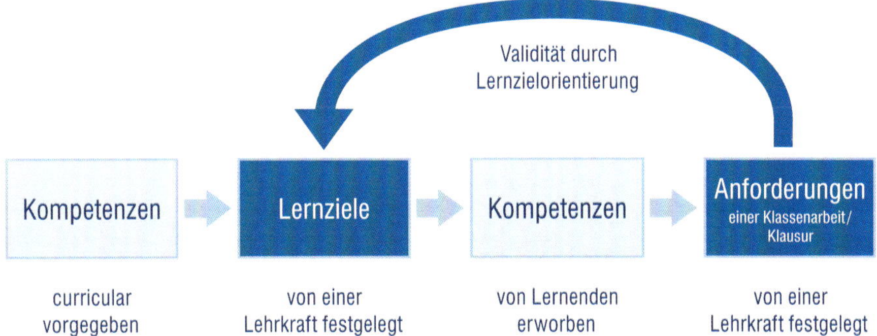

Diese Lernziele sind individuelle Entscheidungen der Lehrkraft, erwachsen aber immer aus den curricularen Vorgaben. Nur wenn der direkte Bezug zwischen den im Unterricht angestrebten Lernzielen und den Anforderungen der Überprüfung gegeben ist, kann diese als valide gelten.

Gerade bei Textarbeiten im Deutschunterricht der Sekundarstufe I ist die Ausrichtung an Lernzielen besonders wichtig. Es geht nicht unbedingt darum, dass Schüler den genauen Aufgabentyp der Klassenarbeit einmal kennenlernen und einüben, sondern darum, dass sie bestimmte Anforderungen einer Systematik folgend erlernen. Dabei kann man den Schülern das Lernen auch erleichtern, indem man manche Anforderungen der kommenden Klassenarbeit auch als Merkregeln formuliert.

Einige Unterrichtsreihen in Deutschbüchern der *Sekundarstufe I* zu bestimmten Textsorten sind manchmal nicht nach einer Systematik von überprüfbaren Lernzielen konzipiert, was die Arbeit für Deutschlehrer oft erschwert. Achten Sie bei Unterrichtsreihen in Lehrwerken also darauf, ob diese geeignet sind, die Schüler auf eine Textarbeit mit überprüfbaren Lernzielen vorzubereiten. Falls dies nicht der Fall ist, sind Sie selbst gefragt, eine solche Reihe umzuplanen.

In der *gymnasialen Oberstufe* geht es in vielen Fächern vor allem um Textanalysen. Hierzu gibt es fachspezifische Vorgehensweisen und standardisierte Arbeitsanweisungen (Operatoren). Diese sollten im Unterricht thematisiert werden. Im Idealfall erhalten die Schüler dazu eine Anleitung und eine Musterlösung, welche als Vorbild für eigene Texte dienen können. Außerdem sollte eine Analyse im Unterricht mindestens einmal vollständig ausformuliert werden. Wenn Sie dies in Ihrem Unterricht durchführen, vermeiden Sie nicht nur schwerwiegende Planungsfehler bei der Erstellung einer Klausur, sondern auch potenzielle Schwierigkeiten bei der Korrektur.

Verlässlichkeit und Transparenz

Verlässlichkeit wird dadurch erreicht, dass man von seiner Unterrichtsplanung bei der Gestaltung und bei der Korrektur der Arbeit nicht abweicht. Die folgenden Fragen können helfen zu ermitteln, ob Sie bereits im Vorfeld einer Arbeit verlässlich gearbeitet haben:

- Sind alle Anforderungen einer Arbeit im Unterricht erarbeitet worden? Konnten die Schüler sie erlernen?
- Sind die Anforderungen klar definiert worden?
- Ist die Aufgabenstellung verständlich formuliert? Können die Schüler einen Zusammenhang zu den Lernzielen der Unterrichtsreihe erkennen?
- Entsprechen die Materialien (z. B. Texte) dem altersgerechten Lern- und Kenntnisstand der Lerngruppe?
- Werden nicht vorausgesetzte Fachwörter vermieden oder erklärt?

Sie als Lehrkraft müssen also verlässlich sein und nicht von Entscheidungen aus dem Unterricht abweichen oder etwas erwarten, das Sie nicht vermittelt haben. Leider geschieht dies manchmal, weil man keinen passenden Text findet oder zu wenig Zeit hat, Aufgabenstellungen oder Erwartungshorizonte genau zu durchdenken. Das macht die rechtzeitige Planung von Klassenarbeiten und Klausuren so wichtig.

Denken Sie zudem an Transparenz, die Offenlegung von Bewertungskriterien, sowohl bei der Vorbereitung einer Arbeit als auch beim Feedback. Anhand folgender Fragen kann man ermitteln, ob Transparenz gegeben ist:

- Haben die Schüler schon im Vorfeld einer Arbeit genügend Informationen über die Bewertungskriterien erhalten?
- Werden die Bewertungskriterien bei der Rückgabe offengelegt?
- Ist die Bewertung für Schüler nachvollziehbar?
- Erhalten die Schüler eine Rückmeldung, die ihnen beim Lernen helfen kann?

5.1.2 Zeitplanung

Zeitaufwand für die Korrektur

Die für die Korrektur von Textarbeiten aufzubringende Zeit ist recht hoch und dominiert zu bestimmten Zeiten im Jahr die Lehrertätigkeit. In diesen „Stoßzeiten", meist von November bis Januar und dann wieder im Frühjahr, kann es sein, dass Lehrer mit einer entsprechenden Anzahl an Korrekturen weit über 50 Stunden pro Woche arbeiten. In solchen Zeiten haben Korrekturen Vorrang, da es Rückgabefristen gibt. Von Lehramtsstudierenden und Berufsanfängern werden diese Arbeitszeiten meist nicht antizipiert.

Die für die Korrektur einer Klassenarbeit oder Klausur erforderliche Zeit variiert und hängt zum Beispiel vom *Umfang* des jeweiligen Schülertextes oder auch von der *Anzahl an Fehlern* ab. Am Anfang Ihrer Berufslaufbahn werden Sie zudem viel mehr Zeit benötigen als erfahrene Kollegen.

Wenn Sie genügend Erfahrung haben, versuchen Sie für die Korrektur einer *Klassenarbeit* in der Sekundarstufe I maximal 20 Minuten aufzuwenden. Wenn Sie diesen Wert zugrunde legen, benötigen Sie für einen Klassensatz von 30 Heften immerhin 10 Stunden. Für eine *Oberstufenklausur* sollten Sie maximal 30 bis 45 Minuten Korrekturzeit aufbringen. Dadurch ergeben sich bei einem Kurs mit 25 Schülern bis zu 19 Stunden reine Arbeitszeit. Diese beiden Rechnungen, die Zeitverlust durch Heftwechsel und kleinere Pausen nicht berücksichtigen, veranschaulichen, wie viel Arbeitszeit für eine Korrektur oft aufgebracht werden muss.

Sie sollten in Ihrem eigenen Interesse versuchen, die beiden hier vorgeschlagenen Maximalwerte in etwa einzuhalten:

- *maximal* 20 Minuten pro Klassenarbeit
- *maximal* 45 Minuten pro Oberstufenklausur

Wenn Sie eine Korrektur schneller schaffen, ist das für Sie sehr vorteilhaft. Überschreitungen dieser Maximalwerte sollten allerdings Ausnahmen bleiben. Berufsanfänger brauchen zugegebenermaßen mehr Zeit. Mit zunehmender Erfahrung werden Sie sich aber diesen Richtwerten annähern. Eine

Ausnahme bildet die Korrektur von Abiturklausuren, die aufgrund vieler einzuhaltender Formalien in der Regel mehr Zeit kostet.

Falls Sie die hier vorgeschlagenen Richtwerte für zu ambitioniert halten, lesen Sie dieses Kapitel zunächst zu Ende. Beurteilen Sie erst dann, ob und inwiefern diese Werte für Sie umsetzbar sind.

Bedenken Sie, dass ein zu großer Zeitaufwand für eine Korrektur immer zu Lasten anderer Verantwortungsbereiche geht, denn Ihnen steht generell nur eine begrenzte Zeit zur Verfügung:

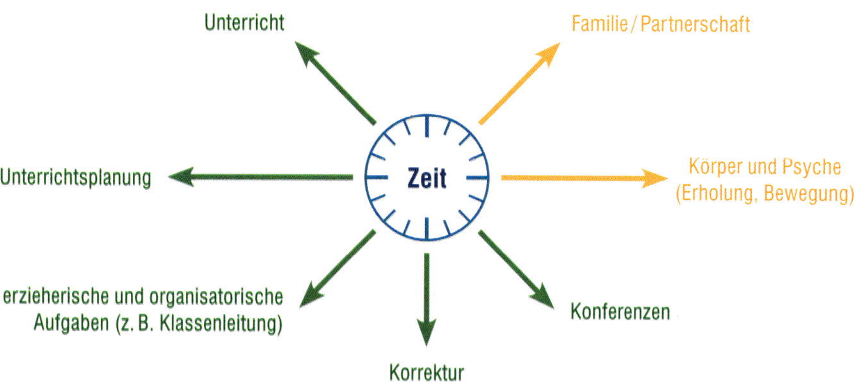

Das obige Schaubild stellt bewusst nicht nur Verantwortungsbereiche dar, die Ihnen durch die Schule auferlegt werden, sondern auch zwei, die nicht unmittelbar etwas mit Ihren beruflichen Verpflichtungen zu tun haben. Diese sollten bei dieser Betrachtung nicht ausgeblendet werden, zumal Lehrer abgesehen vom Unterricht und von Konferenzen alle beruflichen Verpflichtungen – ähnlich wie Selbständige – zeitlich selbst organisieren müssen und daher in einen Konflikt mit außerberuflichen Verantwortlichkeiten geraten können. Außer dem rechtlich festgelegten Unterrichtsdeputat gibt es nämlich faktisch keine Arbeitszeitbegrenzung.[38] Wenn Sie also überproportional viel Zeit für Korrekturen aufwenden, bleibt Ihnen dementsprechend weniger Zeit für die anderen Verantwortungsbereiche.

Erstellung eines Zeitplans

Entwerfen Sie am besten bereits am Ende der Vorwoche einen genauen Zeitplan für die kommende Woche mit allen Ihren beruflichen Aufgaben einschließlich genauer Korrekturzeiten. Nehmen Sie sich für diese Planung etwa 15 Minuten Zeit.

Woran sollte sich dieser Zeitplan ausrichten? Natürlich orientieren Sie Ihren Plan als erstes an den *Präsenzzeiten* in der Schule, vor allem am Unterrichtsdeputat, das Ihnen die Schule vorgibt. Um die Pflichtpräsenz in der Schule herum planen Sie dann Ihre frei zur Verfügung stehende Arbeitszeit.

Ein wichtiger Grundsatz Ihrer Planung sollte es sein, dass Sie wie viele andere Arbeitnehmer von Montag bis einschließlich Freitag arbeiten und die Abende und Wochenenden weitgehend dem Privatleben vorbehalten. Diese Prämisse ist besonders wichtig, um Stress vorzubeugen. Viele Lehrer beachten diesen Grundsatz nicht und arbeiten ohne Zeitplanung und -begrenzung lange abends und auch am Wochenende, zwar nicht durchgehend, aber immer in kleineren Zeitblöcken. Und wessen Gedanken ständig um die Arbeit kreisen, der wird von seinen beruflichen Verpflichtungen emotional nicht richtig loslassen und abschalten können und Stress- und Erschöpfungssymptome riskieren. Eine längere gedankliche Distanzierung von der Arbeit ist notwendig, um Kraft zu tanken.

Es ist ratsam, in größeren Zeitblöcken unter der Woche konsequent durchzuarbeiten und nur kurze Pausen einzulegen. An dem folgenden Modell, das von 25 Unterrichtstunden ausgeht (gelbe Felder), können Sie sich beispielhaft orientieren.

<table>
<tr><th></th><th>Montag</th><th>Dienstag</th><th>Mittwoch</th><th>Donnerstag</th><th>Freitag</th></tr>
<tr><td rowspan="6">Vormittags
ca. 8:00 – 13:30</td><td>1</td><td></td><td>11</td><td>15</td><td>21</td></tr>
<tr><td>2</td><td>6</td><td>12</td><td>16</td><td>22</td></tr>
<tr><td>3</td><td>7</td><td>EO</td><td>17</td><td>23</td></tr>
<tr><td>EO</td><td rowspan="2">EO + UP (Mi)</td><td>13</td><td>18</td><td>EO</td></tr>
<tr><td>4</td><td>14</td><td rowspan="2">EO + UP</td><td>24</td></tr>
<tr><td>5</td><td>8</td><td></td><td>25</td></tr>
<tr><td colspan="6">Mittagspause (Mittagessen / Erholung / Kurzschlaf / Bewegung)</td></tr>
<tr><td rowspan="3">Nachmittags
ca. 15:00 – 19:30</td><td rowspan="3">UP (für Di)
+
Korrektur</td><td>9</td><td rowspan="3">Konferenz
+
UP (für Do)</td><td>19</td><td rowspan="3">Korrektur-
Nachmittag 2</td></tr>
<tr><td>10</td><td>20</td></tr>
<tr><td>Korrektur-
Nachmittag 1</td><td>UP (für
Fr + Mo)
+
Korrektur</td></tr>
</table>

EO: Erzieherische und organisatorische Aufgaben (Elterngespräche, Austausch mit Kollegen / Schulleitung, Erstellen von Listen, Planung einer Klassenfahrt etc.). UP: Unterrichtsplanung.

Durch die Unterrichtsstunden und die frei zu organisierende Arbeitszeit (blaue Felder) kommen Sie in diesem Modell auf etwa 41 Wochenstunden, was sich in etwa an der für Beamte vorgeschriebenen Arbeitszeit orientiert. Anderthalb Stunden Mittagspause pro Tag und 2 Freistunden sind nicht als Arbeitszeit ausgewiesen (weiße Felder).

In dem Modell sind auch 2 feste Korrekturnachmittage eingeplant. Solche Zeitblöcke, die ausschließlich einer Korrektur vorbehalten sind, sind vor allem deshalb sinnvoll, um eine längere Konzentrationsphase aufrechtzuerhalten und in dieser möglichst viele Arbeiten zu korrigieren.

Viele Lehrkräfte mögen dieses Modell vielleicht für unrealistisch halten. Das ist es aber keineswegs, vorausgesetzt natürlich, Sie befolgen solch einen Zeitplan konsequent und müssen unter der Woche keine davon abweichenden Verpflichtungen wahrnehmen. Ein solcher Zeitplan erfordert auch die Selbstdisziplin, Gespräche mit Kollegen zeitlich zu begrenzen und keine privaten Erledigungen zwischendurch einzuschieben. Wenn Sie sich bei der Arbeitszeit konsequent verhalten, werden Sie abends und am Wochenende nur in Ausnahmesituationen korrigieren müssen. Der Abend und das Wochenende sollten also nur einbezogen werden, wenn der Zeitplan einmal überhaupt nicht aufgeht.

Dennoch gibt es auch Lebenssituationen, in denen unter der Woche Verpflichtungen erfüllt werden müssen (z. B. Kinderbetreuung). Dann kommt man nicht darum herum, einen Tag am Wochenende zur Korrektur aufzuwenden. Das folgende Zeitplanmodell berücksichtigt diesen Umstand.

<table>
<tr><th></th><th>Montag</th><th>Dienstag</th><th>Mittwoch</th><th>Donnerstag</th><th>Freitag</th><th>Sonntag</th></tr>
<tr><td rowspan="6">Vormittags
ca. 8:00 – 13:30</td><td>1</td><td></td><td>11</td><td>15</td><td>21</td><td rowspan="6">Korrektur</td></tr>
<tr><td>2</td><td>6</td><td>12</td><td>16</td><td>22</td></tr>
<tr><td>3</td><td>7</td><td>EO</td><td>17</td><td>23</td></tr>
<tr><td>EO</td><td rowspan="2">EO + UP (Mi)</td><td>13</td><td>18</td><td>EO</td></tr>
<tr><td>4</td><td>14</td><td rowspan="2">EO + UP</td><td>24</td></tr>
<tr><td>5</td><td>8</td><td></td><td>25</td></tr>
<tr><td colspan="6">Mittagspause (Mittagessen / Erholung / Kurzschlaf / Bewegung)</td><td></td></tr>
<tr><td rowspan="4">Nachmittags
ca. 15:00 – 19:30</td><td rowspan="3">UP (für Di)
+
Korrektur</td><td>9</td><td rowspan="3">Konferenz
+
UP (für Do)</td><td>19</td><td rowspan="3">Korrektur</td><td rowspan="4">Korrektur</td></tr>
<tr><td>10</td><td>20</td></tr>
<tr><td>UP</td><td>UP (für Fr)</td></tr>
<tr><td>Familie</td><td>Familie</td><td>Familie</td><td>Familie</td><td>Familie</td></tr>
</table>

Reduzierte Unterrichtsplanung. In Zeiten, in denen relativ viele Korrekturen zu erledigen sind, müssen sie zwangsläufig die Zeit, die Sie für andere Aufgaben aufbringen müssen, drastisch reduzieren. Korrekturen haben Vorrang, vor allem weil sie in der Regel auf 3 Wochen terminiert sind. Es kann dann durchaus sein, dass Sie aufwendige Unterrichtsvorhaben nicht durchführen können und für die Planung einer Unterrichtsstunde nur etwa 10 Minuten Zeit haben. Bedenken Sie, dass Sie bei 25 Unterrichtsstunden dann immerhin noch 4 bis 5 Wochenstunden Unterrichtsplanung benötigen. Orientieren Sie sich in dieser Zeit vor allem an den Aufgabenstellungen, die Ihnen die Schulbücher anbieten, oder greifen Sie auf ältere Vorbereitungen zurück.

Korrekturen in Ferien. Da Lehrern mehr Ferienzeit als durchschnittlichen Arbeitnehmern zur Verfügung steht, sollten Sie zumindest einen Teil der Ferien für Korrekturen und andere schulische Aufgaben nutzen. Das entspricht auch der Rechtsprechung zur Lehrerarbeitszeit. Selbstverständlich kann man Korrekturen nicht in die Sommerferien aufschieben. Aber Sie können zumindest jeweils 1 Woche der Herbst-, Weihnachts- und Osterferien nutzen, um Aufgaben zu erledigen, die Sie sonst nicht schaffen. Wenn Sie einen Teil dieser Ferien von vornherein bewusst in Ihre Arbeitszeit integrieren, entlasten Sie sich während der „Stoßzeiten", also in Zeiten, in denen relativ viele Korrekturen durchgeführt werden müssen, denn Ihnen stehen 3 zusätzliche Wochen zur Verfügung.

Nehmen Sie aber auf keinen Fall Korrekturen mit in den Urlaub. Das ist nicht nur rechtlich problematisch, sondern wird auch Ihre Erholung deutlich mindern.

Erstellen Sie sich entsprechend Ihrer Lebenssituation einen eigenen Plan. Beachten Sie dabei die oben erläuterten Prinzipien. Wenn Sie diese Planung Ihrer Arbeitsorganisation zugrunde legen und auch konsequent verfolgen, werden Sie Korrekturen besser in Ihren Arbeitsalltag integrieren können. Wenn Sie aber inkonsequent sind und immer wieder von Ihrem Plan abweichen, verlagern Sie Korrekturen in die Zeit, die eigentlich Privatem gehören sollte.

5.2 Effizienz

5.2.1 Steigerung der Konzentration

Bei der Korrektur von Klassenarbeiten und Klausuren sollte nicht nur die bloße Zeit betrachtet werden, die aufgebracht werden muss, sondern auch die notwendige Konzentration. Und die Korrektur und Bewertung von frei geschriebenen Texten erfordert ein hohes Maß an Konzentrationsfähigkeit. Das Schaubild veranschaulicht das erforderliche Konzentrationsniveau in Relation zu unterschiedlichen Aufgabenstellungen bzw. Klassenarbeits- und Klausurtypen:

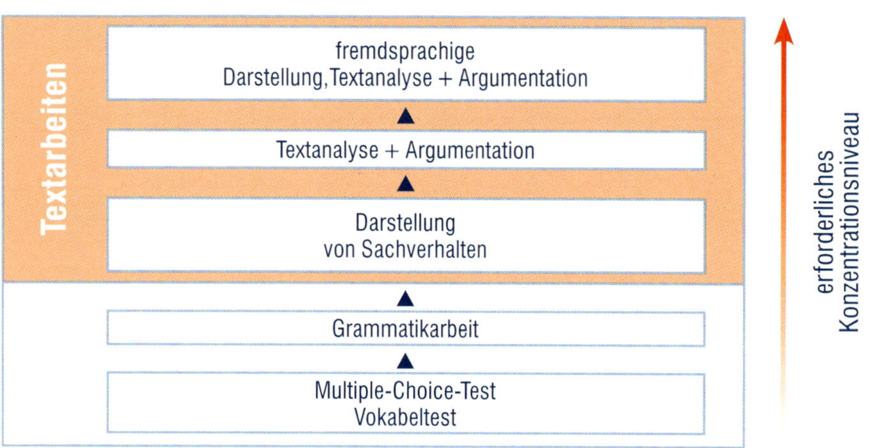

Natürlich besteht ein Zusammenhang zwischen Zeit und Konzentration. Die Korrektur von Textarbeiten ist keine Tätigkeit, die man nebenbei erledigen kann (Multitasking) oder bei der man zwischendurch mal kurz „abschalten", also seine Gedanken schweifen lassen kann. Ablenkungen jeglicher Art verlängern die aufzubringende Arbeitszeit. Es gibt also einen deutlichen Zusammenhang von mangelnder Konzentration und Zeitverlust.

Konzentration ist die *bewusst gelenkte Aufmerksamkeit* auf eine bestimmte Tätigkeit oder Aufgabe. In diesem Bewusstseinszustand werden äußere Störungen ausgeblendet und aufkommende Gedanken verdrängt. Auf diese Weise schützt das Gehirn den fokussierenden Zustand.

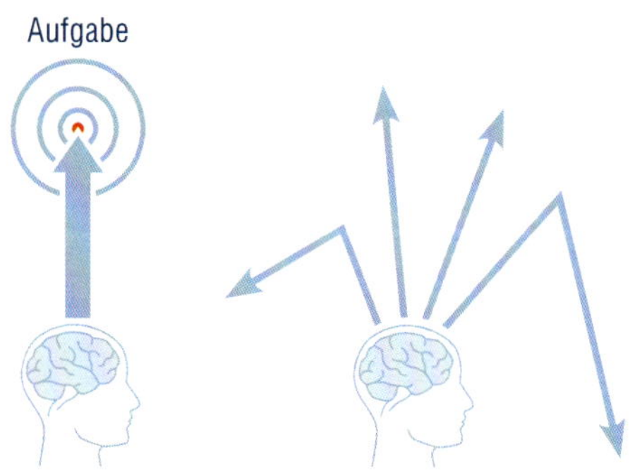

Aufmerksamkeit: fokussiert und nicht fokussiert

Von Natur aus sind wir jedoch nicht darauf ausgelegt, Konzentration lange mühelos aufrechtzuerhalten, denn unser normaler Bewusstseinszustand ist derjenige der geteilten Aufmerksamkeit, der Zerstreuung.[39]

Zum Aufbau voller Konzentration braucht unser Gehirn eine etwa 8 Minuten andauernde „Aufwärmphase", in der sich eine Art Schutzschild aufbaut.[40] Eine Unterbrechung unserer Arbeit hält den Zustand der Konzentration also nicht nur an, sondern sie verursacht auch einen gewissen Aufwand, um wieder in den Konzentrationsmodus zu gelangen.

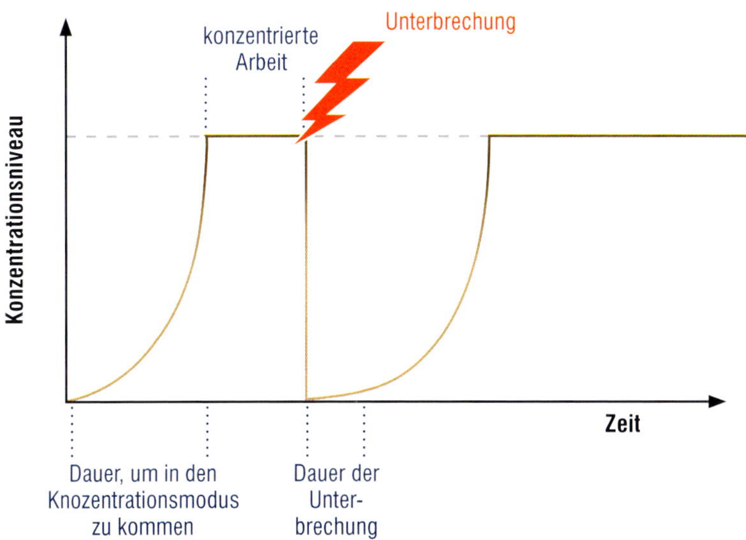

Aufwärmphase der Konzentration[41]

Unterbrechungen tragen zum Zeitverlust bei der Korrektur bei, denn jede Störung zwingt uns zum erneuten Aufbau des Konzentrationszustands und damit zu einem erneuten Hineindenken in die jeweilige Klassenarbeit oder Klausur.

Unterbrechungen können durch Störquellen von außen bewirkt werden, beispielsweise durch andere Menschen. Auch eine eingehende E-Mail oder Textnachricht, die eventuell noch mit einem akustischen oder visuellen Signal angezeigt wird, stellt eine Störquelle dar. Untersuchungen zeigen, dass die ständige Erreichbarkeit weltweit die Produktivität von Arbeitnehmern in zunehmendem Maße beeinträchtigt. Zudem haben soziale Medien Suchtpotenzial.

Neben diesen externen Störquellen gibt es auch Störquellen von innen, die durch eigene, vor allem plötzlich auftretende Gedanken (z.B. Sorgen, nicht erledigte Aufgaben) ausgelöst werden.

Im Folgenden werden Ihnen Möglichkeiten aufgezeigt, wie die Zeit, die für Korrekturen von Textarbeiten aufzubringen ist, durch eine Steigerung der Konzentrationsfähigkeit reduziert werden kann.

Damit wir uns überhaupt in den Zustand dauerhafter Konzentration hineinversetzen können, müssen bestimmte Voraussetzungen vorhanden sein, in unserem Fall sind das günstige Arbeitsbedingungen. Ungünstige Arbeitsbedingungen erschweren hingegen den Aufbau von Konzentration und begünstigen zusätzlich noch die Unterbrechung der Konzentrationshase durch Störquellen.

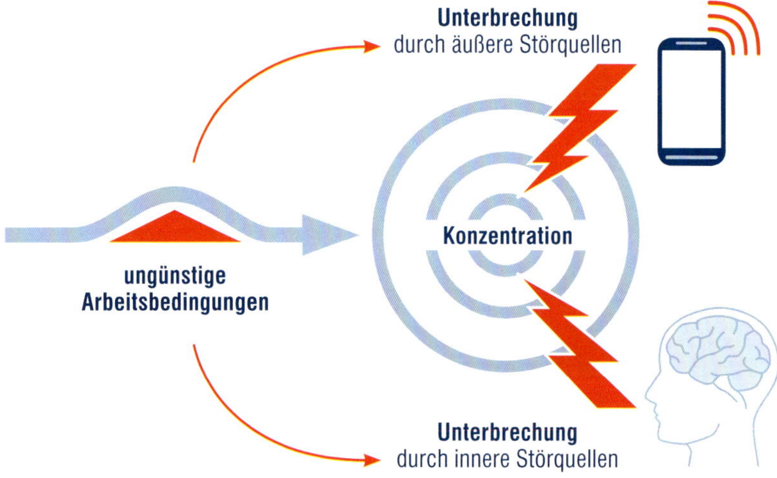

An dieser Stelle geht es um Arbeitsbedingungen, die Sie persönlich in irgendeiner Weise beeinflussen können. Diese können folgende sein:

- mangelnde Anziehungskraft einer Aufgabe
- störanfälliger Arbeitsplatz
- Müdigkeit
- Stress

5.2.2 Steigerung der Anziehungskraft

Beim Aufbau voller Konzentration ist unsere persönliche Motivation von Bedeutung. Wenn eine Aufgabe eine hohe Anziehungskraft auf uns ausübt, also in irgendeiner Weise attraktiv ist, können wir uns leicht motivieren, mit der Arbeit zu beginnen, und schnell ein hohes Konzentrationsniveau aufbauen. Ist eine Aufgabe aber unattraktiv, ist die Motivation geringer und der

Aufbau der Konzentrationsphase schwieriger. Meist schieben wir dann die Handlungsinitiative, also den Beginn der Arbeit, auf und verlieren dabei Zeit (Prokrastination).

Nun ist es so, dass die Korrektur keine besonders attraktive Aufgabe ist. Sie ist ziemlich unattraktiv, was vor allem daran liegt, dass sie eine wenig gestaltende Arbeit darstellt, denn es geht im Grunde nur um die Rezeption fremder Texte. Zudem bietet die Korrektur wenig Abwechslung und sie wirkt daher gerade über einen längeren Zeitraum sehr eintönig. Trotz der rein *rezeptiven und monotonen* Arbeit muss man ein hohes Konzentrationsniveau aufbringen. Daher wird man aus der Korrektur einer Klassenarbeit oder Klausur nie eine Aufgabe mit sehr hoher Anziehungskraft machen können.

Aber man kann versuchen, ihre Anziehungskraft ein wenig zu *steigern*. Dazu ist es wichtig zu wissen, was eine Aufgabe attraktiv macht. Hier können drei Faktoren näher betrachtet werden, welche die Anziehungskraft einer Aufgabe beeinflussen:

- Definition (Eingrenzung und Ziel)
- Umfang
- Unmittelbarer persönlicher Nutzen

Der erste Faktor ist die Definition einer Aufgabe: Je *klarer* umrissen eine Aufgabe und je *eindeutiger* ihr Ziel ist, desto attraktiver erscheint sie uns. Im Umkehrschluss wird eine Aufgabe unattraktiver, je abstrakter oder unklarer sie definiert ist.

Es sollte also versucht werden, die Korrektur schon im Voraus klar und zielorientiert zu gestalten. Hier kommt der Planung einer Arbeit und so auch der Gestaltung eines Erwartungshorizontes bzw. Bewertungsrasters eine entscheidende Rolle zu. Ein Erwartungshorizont wird klarer, wenn die darin enthaltenen Anforderungen nachvollziehbar *systematisiert* sind (→ Kapitel 4). Inhaltliche Überschneidungen von Kriterien sollte es nicht geben. Achten Sie auch darauf, die Anforderungen nicht allzu kleinteilig auszudifferenzieren, denn das würde einen Erwartungshorizont wieder unübersichtlich machen und die Korrektur verkomplizieren. Das alles erfordert bei der Gestaltung eines Erwartungshorizontes oder Bewertungsrasters zwar etwas mehr Zeit; aber diese Vorarbeit erleichtert den anschließenden Abgleich mit den Schülertexten nicht nur, sondern steigert die Anziehungskraft der Korrektur bereits im Voraus.

Der zweite Attraktivitätsfaktor ist der Umfang einer Aufgabe: Je weniger Zeit eine Aufgabe voraussichtlich in Anspruch nimmt, desto höher ist ihre Anziehungskraft. Im Umkehrschluss schreckt also eine zu umfangreich erscheinende Aufgabe eher ab. Wenn Sie also glauben, dass Sie eine Aufgabe aufgrund ihres Umfangs nicht rechtzeitig bewältigen können, kann das die Konzentration blockieren.

Sie verringern den Umfang einer Korrektur in hohem Maße, wenn Sie von vornherein nur einen Korrekturdurchgang einplanen. Lesen Sie eine Arbeit also immer nur ein einziges Mal, wobei Sie gleichzeitig die Sprache korrigieren und den Inhalt bewerten. Das erfordert zugegebenermaßen für Berufsanfänger ein wenig Übung. Aber mit der Zeit werden Sie die Fähigkeit entwickeln, Korrektur und Bewertung zu verbinden. Eine Ausnahme bilden jedoch fremdsprachige Klausuren, die meist eine Positivkorrektur erfordern. Viele Englisch-, Französisch- oder Spanischlehrer können dadurch zwei Korrekturdurchgänge nicht immer vermeiden.

Der dritte Faktor liegt im unmittelbaren persönlichen Nutzen einer Aufgabe: Je mehr ein persönlicher Nutzen in einer Tätigkeit erkannt wird, desto attraktiver erscheint sie. Dieser Nutzen kann zum Beispiel ein Prestigegewinn oder ein finanzieller Vorteil sein.

Die Korrektur einer Klassenarbeit oder Klausur ist aber weder mit einem Zugewinn an Prestige noch mit einem unmittelbaren finanziellen Vorteil verbunden. Im Gegenteil, manche Korrekturlehrkräfte reduzieren sogar ihr Unterrichtsdeputat und nehmen finanzielle Einbußen in Kauf, um die hohe Zahl an Korrekturen bewältigen zu können. Suggerieren Sie sich also selber einen persönlichen Nutzen, der mit der Korrektur in Verbindung steht. Setzen Sie sich ein Zeitlimit und belohnen Sie sich nach erledigter Arbeit: Treffen Sie Freunde, machen Sie Sport, gehen Sie mit Ihrer Partnerin oder Ihrem Partner essen, ins Kino, in ein Konzert oder gönnen Sie sich einfach eine Auszeit. Die *Belohnung* für eine erledigte Aufgabe ist im Grunde ein psychologischer Trick, um die Anziehungskraft dieser Aufgabe bereits im Voraus zu steigern.

5.2.3 Schaffung eines Arbeitsplatzes ohne Störquellen

Wenn Sie ein hohes Konzentrationsniveau erreicht haben, ist es wichtig, dieses möglichst lange aufrechtzuerhalten, also Unterbrechungen schon im Voraus auszuschließen oder gering zu halten. Ein Arbeitsplatz ohne Störquellen begünstigt dieses Vorhaben.

Für einige Autoren, die sich mit Konzentration auseinandersetzen, ist die Abschirmung des Arbeitsplatzes vor möglichen Störquellen von großer Bedeutung für die Konzentrationsfähigkeit. Da ist die Rede von „Zeitinseln der Ungestörtheit" oder sogar von „temporärer sozialer Isolation".[42] Im Grunde geht es darum, sich für eine bestimmte Zeit am Arbeitsplatz vor möglichen Ablenkungen durch andere Menschen und technische Geräte zu schützen. Kollegen oder Familienmitglieder hält man am besten durch eine vorausschauende Kommunikation von möglichen Unterbrechungen ab.[43] Technische Geräte wie das Notebook oder das Smartphone sollten außer Hör- und Reichweite gelegt oder leise gestellt werden. Die potenzielle Unterbrechungsmöglichkeit ist einfach zu groß. Außerdem vermeidet man dadurch, im Internet zu surfen, um beispielsweise seinen E-Mail-Eingang zu überprüfen oder kurz etwas nachzuschlagen. Daraus kann nämlich schnell ein ungeplanter längerer Aufenthalt im Internet werden. Für manche ist es daher auch besser, kurz in einem Wörterbuch etwas nachzuschlagen als im Internet mit seinen zahlreichen Ablenkungsmöglichkeiten.

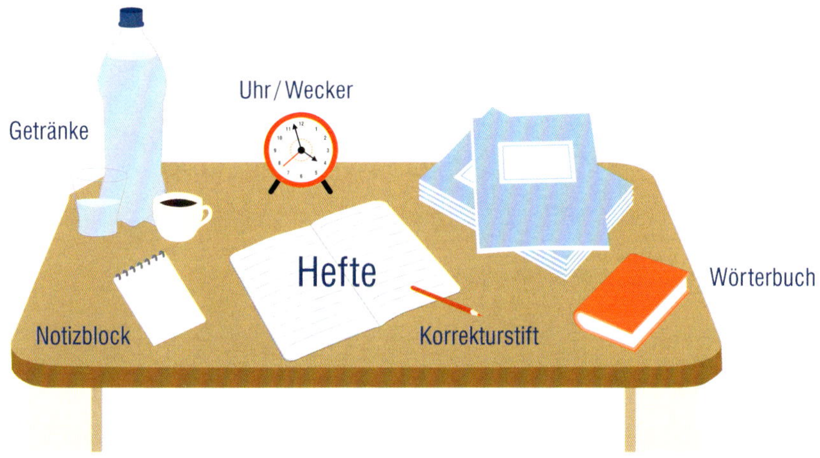

Außerdem reduziert man die Ablenkungsmöglichkeiten drastisch, wenn man Materialien, die mit der Korrektur nichts zu tun haben, vom Arbeitsplatz verbannt. Bücher, Ordner, Briefe oder andere Klassenarbeiten sollten während der Korrektur nicht auf Ihrem Arbeitstisch abgelegt sein. Auch hier ist die Gefahr zu groß, dass man seine Gedanken schweifen lässt oder beispielsweise an bestimmte Termine oder Unterrichtsplanungen erinnert wird. Das unterbricht Ihre Konzentration und führt zu Zeitverlust. Auf dem Tisch sollten ausschließlich die zu korrigierenden Hefte oder Klausurbögen, ein Notizzettel oder -block, ein Korrekturstift, eine Uhr, ein Wörterbuch und eventuell Getränke stehen.

Nach einer Korrektur sollte der Arbeitstisch immer für die nächste Korrektur oder eine andere Aufgabe frei sein. Diese auch als *clean desk policy* bezeichnete Strategie, also das Leerräumen des Arbeitstisches nach Beendigung einer Aufgabe, erfordert nicht nur Disziplin, sondern auch ausreichend Ablageflächen. Richten Sie Ihren Arbeitsplatz so ein, dass Ablageflächen für den laufenden Betrieb in einem Regal oder auf einem Beistelltisch vorhanden sind.

Die meisten Lehrkräfte korrigieren traditionell daheim. Zunehmend gibt es aber auch Schulen, die ihren Lehrkräften einen ruhigen Arbeitsraum für die Unterrichtsplanung und Korrektur zur Verfügung stellen. Es gibt sowohl Argumente für das Arbeiten zuhause als auch für das Arbeiten in der Schule.

Ein wesentliches Argument für das Arbeiten daheim ist die große Autonomie und zeitliche Flexibilität, die viele Kollegen am Lehrerberuf schätzen. Ein Argument dagegen ist die Entgrenzung und mangelnde räumliche Trennung von Beruflichem und Privatem.

Wenn Sie zuhause nicht genügend Platz haben, weil Ihre Wohnung für ein Arbeitszimmer zu klein ist, oder aufgrund Ihrer Kinder nicht genug Ruhe herrscht, tun Sie sich mit gleichgesinnten Kollegen zusammen und organisieren Sie gemeinsam mit der Schulleitung einen ruhigen Arbeitsraum in der Schule. In der Regel ist es so, dass die Schule auch nachmittags geöffnet sein sollte. Viele Kollegen haben mit der strikten Trennung von Arbeitsplatz und Zuhause gute Erfahrungen gemacht.

5.2.4 Vermeidung von Müdigkeit

Wenn man müde ist, können durchaus Aufgaben erledigt werden, die kein hohes Konzentrationsniveau erfordern. Die Korrektur und Bewertung von Textarbeiten gehört aber nicht dazu. Bei Müdigkeit korrigiert man völlig ineffizient. Der Zeitverlust durch Müdigkeit ist nicht zu unterschätzen.

Zunächst einmal beugt man Müdigkeit durch ausreichend erholsamen Nachtschlaf vor. Denken Sie daran, dass der Nachtschlaf durch zu langes Arbeiten am Abend negativ beeinträchtigt werden kann. Versuchen Sie also nur in Ausnahmefällen abends zu korrigieren, beispielsweise wenn die Rückgabe einer Arbeit überfällig ist. Am nächsten Tag sollten Sie dann aber keine Arbeit mit hohem Konzentrationsaufwand einplanen und einen Teil des Tages zur Erholung nutzen. Die Kombination von langem Korrigieren bis in späte Abend- oder Nachtstunden und voller Einsatzfähigkeit am nächsten Tag funktioniert in der Regel nicht.

Viele Menschen befällt gerade in der Mittagszeit große Müdigkeit, oft auch unabhängig von der Qualität des Nachtschlafs. Dies hängt mit dem chronobiologischen Leistungstief am Mittag zusammen, das individuell unterschiedlich stark ausgeprägt ist. Diese Müdigkeit kann die Konzentrationsfähigkeit und so die Effizienz der Korrekturtätigkeit am Nachmittag negativ beeinflussen. Dagegen hilft oft ein Kurzschlaf *(power napping)*. Wenn Sie also volle Konzentrationsfähigkeit am Nachmittag aufbringen wollen, ist solch ein Kurzschlaf empfehlenswert. Dieser sollte 30 Minuten nicht überschreiten, um anschließende Schlaftrunkenheit zu vermeiden. Stellen Sie sich deshalb vorsichtshalber einen Wecker.

Beim *Power Napping* geht es auch nicht unbedingt um einen tiefen Schlaf, sondern ums Entspannen und geistige Abschalten. Laut Jürgen Zulley, dem früheren Leiter des Schlafmedizinischen Zentrums der Universität Regensburg, muss es nicht einmal dunkel oder leise sein. Wichtig sei es, die Augen zu schließen und den Kopf irgendwo anzulehnen, um die Muskulatur zu entspannen.[44]

5.2.5 Vermeidung von stressbedingter innerer Ablenkung

Stress ist eine körperlich-psychische Belastung, die durch Zeitmangel, Termindruck oder Angst, vermeintlichen Erwartungen nicht gerecht zu werden, ausgelöst werden kann. Oft ist Stress der Anlass für Störquellen von innen, also für plötzlich auftretende Gedanken, die unsere Konzentration unterbrechen. Beispielsweise kann die Sorge um eine Unterrichtsstunde am nächsten Tag oder die Fülle an Terminen in den nächsten Tagen unsere Aufmerksamkeit ad hoc von der Korrektur ablenken. In solchen Fällen wird der erneute Konzentrationsaufbau dann durch minutenlanges Nachdenken massiv erschwert.

Es sind gerade unerledigte Aufgaben, die unser Gehirn überaus intensiv beschäftigen. Ein Mittel, um solche Gedanken möglichst schnell zu verdrängen, ist es, Unerledigtes sofort zu notieren. „Der Trick dabei ist", so der Autor Marco von Münchhausen, „dass es damit für das Gehirn vorübergehend bearbeitet wurde."[45] Legen Sie dafür während der Korrektur am besten einen Notizblock oder Zettel neben sich auf den Arbeitstisch.

Eine weitere Möglichkeit, negative Gedanken kurzfristig zu verdrängen, sind kurze *Meditationsübungen* oder *autogenes Training*. Damit soll die Aufmerksamkeit wieder auf die Gegenwart gelenkt und die Entspannung gefördert werden.[46] Langfristig kann der Entstehung stressbedingter Störquellen durch regelmäßige körperliche Bewegung vorbeugt werden, da durch Sport das Stresshormon Adrenalin abgebaut wird.

Eine weitere sinnvolle Maßnahme, um Zeitmangel und Termindruck entgegenzuwirken, ist die bereits erwähnte vorausschauende Zeitplanung und das Einplanen größerer Zeitblöcke für die Korrektur.

5.2.6 Fazit

Die oben aufgeführten Möglichkeiten zur Verbesserung der Arbeitsbedingungen können Sie zu lang anhaltenden Konzentrationsphasen ohne viele Unterbrechungen befähigen und somit den Zeitverlust bei der Korrektur deutlich reduzieren.

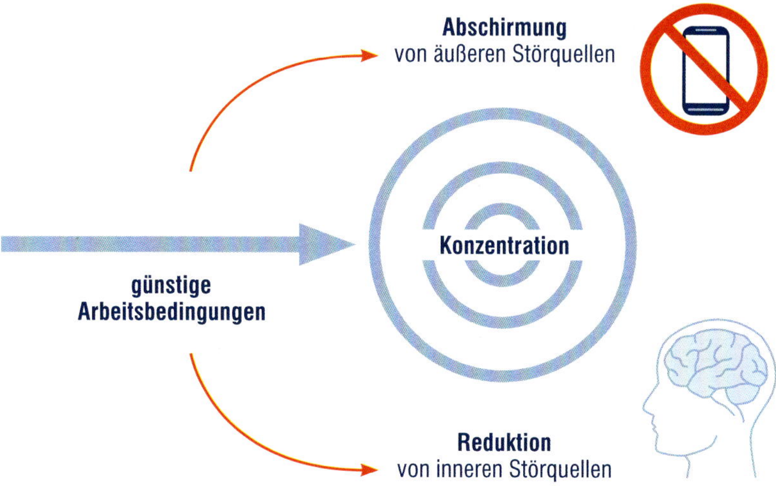

Allerdings sind Menschen unterschiedlich. Und so kann es sein, dass bestimmte Maßnahmen bei einigen funktionieren, bei anderen hingegen überhaupt nicht. Probieren Sie einfach aus, durch welche der vorgeschlagenen Möglichkeiten Sie Ihre Konzentrationsfähigkeit verbessern und Störquellen ausschalten können. Viele der Maßnahmen brauchen auch nur etwas Übung und Zeit, bis sie eingespielt sind.

5.3 Weniger Perfektionismus

Um Effizienz zu erreichen, muss das Verhältnis vom Aufwand zum Ertrag einer Arbeit stimmen. Diese Relation kann auch folgendermaßen dargestellt werden:

$$\text{Effizienz (Wirtschaftlichkeit)} = \frac{\text{Ertrag}}{\text{Aufwand}}$$

Oft aber arbeiten wir völlig ineffizient, weil unser Aufwand viel höher ist als der Ertrag. Verantwortlich dafür ist oft unser Perfektionismus.

Woran merken Sie, dass Sie zu perfektionistisch sind? Lesen Sie sich einmal die folgenden vier Fragen durch und überlegen Sie, wie Sie diese beantworten würden:

- Stellen Sie einmal getroffene Bewertungsentscheidungen im Nachhinein infrage und plagt Sie oft noch lange nach bereits erledigter Korrektur ein schlechtes Gewissen, nicht gerecht bewertet zu haben?

- Schieben Sie die Korrektur lange auf, weil Sie zu hohe Ansprüche haben?
- Können Sie oft nicht von bestimmten Ambitionen lassen, auch wenn Sie dadurch entstehende Nachteile klar vor Augen haben (Zeitverlust, Missachtung anderer Verpflichtungen)?
- Neigen Sie dazu, sich abzuwerten, wenn Sie Ihren eigenen Ansprüchen einmal nicht gerecht werden oder Ihnen Fehler passieren?[47]

Wenn Sie diese Fragen bejahen, wissen Sie zumindest, dass Sie perfektionistisch veranlagt sind. Das ist kein persönlicher Makel. Im Gegenteil, solch ein Verhalten zeugt von großer Gewissenhaftigkeit. Aber diese Art von Perfektionismus kann ein Grund dafür sein, warum Sie durch die Korrektur zu viel Zeit verlieren und letztlich ineffizient arbeiten. Es ist in jedem Fall ratsam, Ihren Perfektionismus etwas zurückzufahren. Im Folgenden werden drei Tipps zu weniger Perfektionismus vorgestellt:

- Entkoppeln Sie Ihr Selbstwertgefühl von der Korrektur!
- Ändern Sie Ihre Ansprüche an eine Korrektur!
- Erkennen Sie Ihre begrenzten Kapazitäten!

Entkopplung des Selbstwertgefühls von der Korrektur

Versuchen Sie, Ihr persönliches Selbstwertgefühl von bestimmten Tätigkeiten Ihrer Arbeit zu entkoppeln. Wenn Sie eine perfektionistisch veranlagte Persönlichkeit sind, wird dies Ihnen zu Anfang vielleicht nicht leichtfallen, vor allem wenn Sie Berufsanfänger sind und das Gefühl haben, bestimmte Tätigkeiten noch nicht richtig zu beherrschen. Mit der Zeit aber werden Sie zunehmend Professionalität und Sicherheit entwickeln. Diese Sicherheit wird es Ihnen langfristig ermöglichen, mehr Gelassenheit im Hinblick auf die Korrektur und Bewertung von Schülerleistungen zu entwickeln. Sie müssen aber auch die Bereitschaft entwickeln, Ihre Sichtweise auf die Korrektur verändern zu wollen.

Richten Sie Ihre Korrekturtätigkeit auch nicht daran aus, persönliche Wertschätzung durch Schüler oder Eltern zu erfahren. Mit einer solchen Erwartungshaltung würden Sie einen Aufwand betreiben, der in keinem Verhältnis zur Wahrnehmung durch andere steht. Wichtig ist also, klar zwischen beruflichen Leistungen und privaten Bedürfnissen (z.B. persönliche Selbstoptimierung) gedanklich und zeitlich zu unterscheiden.

Versuchen Sie gelassener an Ihre Arbeit zu gehen und diese weniger als Zwang zur Selbstoptimierung zu sehen, sondern als etwas, das nur im Rahmen des Möglichen durchführbar ist. Es gibt nicht *die* perfekte Korrektur und Bewertung eines frei geschriebenen Textes.

Änderung der Ansprüche an eine Korrektur

Pädagogik ist viel weniger an klaren Paradigmen von richtig und falsch zu messen als andere Berufs- und Wissenschaftsfelder. Jede vermeintlich richtige Handlung kann unter einer anderen Betrachtungsweise wieder infrage gestellt werden. Und genau das tun viele Kollegen: Sie stellen ihre didaktischen Entscheidungen ständig infrage und behalten oft ein schlechtes Gewissen, gerade bei der Bewertung frei geschriebener Texte.

Die Bewertung einer Schülerleistung ist unzweifelhaft mit einer großen Verantwortung verbunden. Trotz dieser großen Verantwortung, die zum Lehrerberuf gehört, gibt es einen gravierenden Unterschied etwa zu einem Herzchirurgen: Es geht bei uns nicht um Leben oder Tod. Diese Erkenntnis sollten Lehrer sich immer wieder in Erinnerung rufen, wenn sie bei einer Aufgabe zu perfektionistisch agieren, jedes noch so kleine Detail durchdenken und dadurch andere Verantwortlichkeiten vernachlässigen und in Stress geraten.

Verabschieden Sie sich auch von der meist unlösbaren und quälenden Frage, ob Sie eine Arbeit gerecht bewertet haben. Gerechtigkeit ist kein Maßstab, der auf eine Korrektur angewandt werden sollte, da der Begriff in Bezug auf die Didaktik nur schwer zu fassen ist und ein zu komplexer moralischer Maßstab ist. Es geht – wie in Kapitel 1 dargelegt – bei der Korrektur und Bewertung um Validität (Lernzielorientierung), Verlässlichkeit und Transparenz. Damit haben Sie drei zwar anspruchsvolle, aber realistische Maßstäbe, an denen Sie Ihre Arbeit ausrichten können, ohne sich mit zu hohen Ansprüchen zu überfordern.

Erkennen von begrenzten Kapazitäten

Aus der Erkenntnis, was eine Korrektur zu erfüllen hat und was Sie als korrigierende Lehrkraft überhaupt leisten können, erwächst ein wichtiger Ratschlag: Erkennen Sie Ihre begrenzten Kapazitäten und gehen Sie bei der Korrektur und Bewertung weniger perfektionistisch vor. Sehen Sie jede Arbeit nur ein einziges Mal durch und vermeiden Sie nach Aufgaben getrennte Korrekturdurchgänge, denn jeder Heftwechsel kostet Zeit.

Wenn Sie Termindruck verspüren, lassen Sie nicht zwingend notwendige Arbeitsschritte bei der Korrektur weg: Schreiben Sie zum Beispiel weniger aus und lassen, wenn möglich, längere Rand- und Schlusskommentare weg. Oder lassen Sie die Positivkorrektur weg, wenn diese Sie zu viel Zeit kostet. Es ist auch nicht notwendig, einen Erwartungshorizont bis in kleinste Detail auszuformulieren. Wenn Sie diesen Leitfaden aufmerksam gelesen haben, werden Sie wissen, an welchen Stellen Sie Zeit einsparen können.

Schließen Sie nach einem Korrekturdurchgang und der Bewertung unbedingt gedanklich mit Ihrer Entscheidung ab. Minutenlanges Überdenken

Ihrer Entscheidung oder ein nochmaliger Korrekturdurchgang wird erfahrungsgemäß Ihre ursprüngliche Bewertung gar nicht oder nur geringfügig verändern.

Der Rat zu weniger Perfektionismus ist nicht als Aufforderung zur Fahrlässigkeit, also zur mangelnden Sorgsamkeit, misszuverstehen. Im Gegenteil, es geht darum, sich auf die konkreten Qualitätsmaßstäbe zu besinnen und nur daran die eigene Arbeit zu bemessen. Und es geht darum, nicht viel zu weit gefassten, unerfüllbaren oder ungeeigneten Ansprüchen wie zum Beispiel Gerechtigkeit, Objektivität oder vielleicht sogar Selbstbestätigung gerecht zu werden.

Was man sich merken kann

- Die Korrektur vorausschauend planen (Unterrichtsplanung, Zeitplan)!
- Weniger Perfektionismus!
- Voraussetzungen für konzentriertes Arbeiten schaffen (Belohnung, Abschirmung des Arbeitsplatzes, Vermeidung von Müdigkeit und stressbedingter innerer Ablenkung)!

Beispieldokumente

Auf den folgenden Seiten finden Sie eine Auswahl unterschiedlich gestalteter Bewertungsraster sowie einige Beispiele für Wortgutachten. Wortgutachten können als individuelle Leistungsrückmeldung bei der Verwendung relativ inhaltsoffener Bewertungsraster sinnvoll sein. Die Prinzipien der hier dargestellten Raster sind auf viele Fächer übertragbar:

- Raster 1: Deutsch Klasse 6
- Raster 2: Deutsch Klasse 7
- Raster 3: Sachtextanalyse (fächerübergreifend), gymnasiale Oberstufe
- Raster 4: Geschichte, gymnasiale Oberstufe
- Raster 5: Deutsch, gymnasiale Oberstufe
- Wortgutachten Geschichte, gymnasiale Oberstufe
- Raster 6: Facharbeit, gymnasiale Oberstufe
- Wortgutachten Biologie (Facharbeit)

Im Download-Bereich (→ S. 128) finden Sie diese Raster und weitere Dokumente, die Sie für Ihre Erfordernisse anpassen und bearbeiten können. In der gymnasialen Oberstufe ist es empfehlenswert, sich bei der Gestaltung der Bewertungsraster an den Prinzipien der Erwartungshorizonte für die Abiturprüfungen Ihres Bundeslandes zu orientieren.

Raster 1

Deutsch Klasse 6: Adressatenorientierte Vorgangsbeschreibung
(*BE/Punkte werden eingetragen und zusammengerechnet*)

Inhalt (Inhaltliche Auseinandersetzung und Textgestaltung)		*max. Punkte*	*davon erreicht*
1.	Du hast eine passende Überschrift gewählt.	2	
2.	Deine Vorgangsbeschreibung ist korrekt und nachvollziehbar, da du • … die wesentlichen Arbeitsschritte der 8 vorgegebenen Bilder zutreffend beschreibst. • … keine wesentlichen Arbeitsschritte auslässt. • … es vermeidest, dich auf Nebensächlichkeiten zu konzentrieren.	16	
3.	Du gliederst deine Vorgangsbeschreibung sinnvoll.	2	
	Summe Inhalt:	20	

Ausdruck (A)		*max. Punkte*	*davon erreicht*
1.	Wortwahl: • Du verwendest die passenden Nomen (vor allem die entsprechenden Bezeichnungen für die Haushaltsgeräte). • Du verwendest die passenden Verben (vor allem die entsprechenden Bezeichnungen für die Arbeitsvorgänge). • Deine Wortwahl ist abwechslungsreich. • Du verwendest abwechslungsreiche Konjunktionaladverbien als Überleitung zwischen den einzelnen Arbeitsschritten.	8	
2.	Textsortenspezifischer Schreibstil: • Du verwendest neben dem Passiv möglichst oft die Du-Form oder den Imperativ. • Dein Text ist durchgehend im Präsens verfasst worden, bei vorzeitigen Begebenheiten verwendest du das Perfekt.	4	
3.	Bonuspunkte: Dein Ausdruck ist besonders kreativ.	(2)	
	Summe Ausdruck:	12	

Sprachrichtigkeit/Formalien						
________ Fehler (R, Z, G, F) : ca. ________ Wörter · 100 = ________ %						
Fehler-quotient:	0,1% - 1,0% ➘	1,1% - 2,0% ➘	2,1% - 3,0% ➘	3,1%- 4,0% ➘	4,1%- 5,0% ➘	5,1% < ➘
Punkte:	10 Pkte.	8 Pkte.	6 Pkte.	4 Pkte.	2 Pkte.	0 Pkte.
Summe Sprachrichtigkeit:						/10
GESAMTSUMME:						/42

sehr gut	*gut*	*befriedigend*	*ausreichend*	*mangelhaft*	*Ung.*
ab 89%	ab 77%	ab 65%	ab 50%	ab 20%	
42-37	36-32	31-27	26-21	20-8	7>

Raster 2

Deutsch Klasse 7: Lügengeschichte nach klassischem Muster
(*BE/Punkte werden umkreist und zusammengerechnet*)

Inhalt (Inhaltliche Auseinandersetzung und Textgestaltung)		*Punkte* ☺ ☹ ☹
1.	Du hast einen passenden Titel für deine Lügengeschichte gewählt, der die Neugier einer Leserin oder eines Lesers anregen kann.	2 – 1 – 0
2.	Einleitung: Du beschreibst den Ort und die Zeit der Handlung sehr genau und anschaulich. Die Hauptfigur ist vor ein bestimmtes Problem oder Hindernis gestellt, das gelöst werden muss (Herausforderung). Die Ausweglosigkeit der Situation wird erkennbar.	2 – 1 – 0
3.	Hauptteil: Du erzählst, wie das Problem gelöst oder das Hindernis überwunden wird. Dabei spielt eine Lüge, eine unmögliche und maßlos übertriebene Begebenheit eine Rolle. (Typische Merkmale anderer Textsorten wie Märchen oder Fabeln, also Zauberei und Fabelwesen, dürfen nicht Teil der Lüge sein.)	4 – 3 – 2 – 1 – 0
4.	Dein Text ist durchgehend in der Ich-Perspektive verfasst. Das nutzt du, um hin und wieder das Publikum anzusprechen (z.B.: „Ihr werdet es mir nicht glauben, aber …“).	2 – 1 – 0
5.	Deine Handlung ist für die Leser nachvollziehbar. Sie ist in sich stimmig und logisch gestaltet (Ausnahme: Lüge). Die einzelnen Teile sind voneinander erkennbar abgegrenzt, wobei der Hauptteil den größten Umfang einnimmt.	2 – 1 – 0
6.	Bonuspunkt: Du hast besonders kreative Ideen zu Papier gebracht.	(1)
	Summe Inhalt (mit 2-facher Gewichtung):	x 2 = /24

Ausdruck (A)		*Punkte* ☺+	☺	☹	☹
1.	• Du verwendest treffende Wörter und passende Wortverbindungen. • Deine Wortwahl und deine Satzanfänge sind abwechslungsreich (keine Ausdruckswiederholungen). • Umgangssprachliche Wörter und Redewendungen vermeidest du.	0-1 ▼ 3	2-4 ▼ 2	5-7 ▼ 1	8 < ▼ 0
2.	Du schreibst durchgehend im klassischen Erzähltempus (Präteritum).	2 – 1 – 0			
3.	Bonuspunkt: Dein Ausdruck ist auffallend kreativ.	(1)			
	Summe Ausdruck (mit 3-facher Gewichtung):	x 3 = /10			

Sprachrichtigkeit/Formalien		*Punkte* ☺+	☺	☹	☹
1.	Rechtschreibung (R)	0-1 ▼ 3	2-4 ▼ 2	5-7 ▼ 1	8 < ▼ 0
3.	Zeichensetzung (Z)	0-1 ▼ 3	2-4 ▼ 2	5-7 ▼ 1	8 < ▼ 0
2.	Grammatik (G)	0-1 ▼ 3	2-4 ▼ 2	5-7 ▼ 1	8 < ▼ 0
3.	Formalien (F): • Du beachtest die Vorgaben der Heftführung. • Du schreibst leserlich und ordentlich.	2 – 1 – 0			
	Summe Sprachrichtigkeit:	/11			
	GESAMTSUMME:	/45			

sehr gut			*gut*			*befriedigend*			*ausreichend*			*mangelhaft*			*ung.*
1+	1	1-	2+	2	2-	3+	3	3-	4+	4	4-	5+	5	5-	6
45	44-41	40	39	38-36	35	34	33-30	29	28	27-23	22	21	20-10	9	8>

Raster 3

Geschichte, Gymnasiale Oberstufe: Quelleninterpretation

(BE/Punkte werden eingetragen und zusammengerechnet)

Teilaufgabe 1 (Analyse)		*max. Punkte*	*davon erreicht*
1.	In der Einleitung stellen Sie die **äußeren Textmerkmale** der Textquelle vor (Titel, Autor, Textsorte, Erscheinungsjahr).	4	
2.	In der Einleitung ordnen Sie die Quelle inhaltlich in groben Zügen ein, indem Sie **Thema, Intention und Adressaten** sowie **Anlass** erwähnen: • Schaffung eines einheitlichen deutschen Nationalstaates und Verwirklichung von Freiheits- und Bürgerrechten • Appell an Sympathisanten der liberalen Bewegung • Auftrieb der Bewegung ausgehend von der französischen Julirevolution 1830 bis zum Hambacher Fest 1832	6	
3.	Sie geben Inhalt und Gedankengang der Quelle in eigenen Worten wieder, wobei folgende Schwerpunkte Berücksichtigung finden: • **Doppelcharakter** der nationalstaatlich-liberalen Idee („Unzertrennlichkeit“, Z. 4): a) Freiheits- und Bürgerrechte („Freiheit im Innern“, Z. 1; „persönliche Freiheit“, Z. 25; „Prinzip der inneren Freiheit“, Z. 27; „bürgerliche Freiheit“, Z. 34). b) nationalstaatliche Einigung Deutschlands („Unabhängigkeit nach außen“, Z. 1; „Nationalität“, Z. 15, 25). • **Vorbildfunktion Frankreichs**: a) Frankreich als „ erste Nation der Welt“ (Z. 2) b) In F. habe sich die Erkenntnis durchgesetzt, dass das wohl eines Volkes „dem Interesse eines Fürsten“ vorgehen müsse (Z. 13ff.). • **Nationalstaat** als alleinige **Basis freiheitlicher Rechte**: a) Die Franzosen hätten nur deshalb Freiheitsrechte verwirklichen können, weil sie „mit dem ganzen Gewicht ihrer Nationalität“ unterstützen (Z. 31). b) Widerspruch zur Idee, Freiheitsrechte universalistisch zu verwirklichen → Argumentation: Vergleich mit dem Organismus des menschlichen Körpers (Z. 16ff.)	20	
4.	Zusatzpunkte: Sie erfüllen ein weiteres aufgabenbezogenes Kriterium.	(4)	
	Summe Teilaufgabe 1:	30	

Teilaufgabe 2 (Kontexteinordnung)		*max. Punkte*	*davon erreicht*
1.	Vormärz 1815-1848: • Ideen der nationalstaatlich-liberalen Bewegung: a) Überwindung der Kleinstaaterei/Partikularinteressen der Fürsten b) Forderung nach einer verfassungsrechtlichen Grundlage des Staates (Einschränkung monarchischer Macht) c) Politische Partizipation und Rechtsgleichheit (Abschaffung adliger Vorrechte) • Anhängerschaft/Organisationsformen der nationalstaatlich-liberalen Bewegung (Bildungsbürgertum, u.a. Studierende, Professoren; Organisation in Burschenschaften, Turn-, Wander- und Singvereinen) • Reaktion der Fürsten: a) Unterdrückung und Pressezensur (Karlsbader Beschlüsse 1819) b) Verfassungsrechtliche Zugeständnisse in einigen Staaten wie Baden, Württemberg u.a.	20	
2.	Nachwirkungen der französischen Julirevolution 1830: • Nationalstaatlich-liberale Bewegung im Deutschen Bund als Teil einer europäischen Emanzipationsbewegung • Hambacher Fest 1832	10	
3.	Zusatzpunkte: Sie erfüllen ein weiteres aufgabenbezogenes Kriterium.	(4)	
	Summe Teilaufgabe 2:	30	

Teilaufgabe 3 (Beurteilung)		max. Punkte	davon erreicht
1.	Sie vergleichen Pfizers politische Auffassung zum Beispiel mit … • Philipp Jakob **Siebenpfeiffers** Rede auf dem Hambacher Fest und stellen dabei inhaltliche **Parallelen** fest (europäisch-völkerverbindende Sichtweise von Liberalismus und Nationalstaatsidee, Völkerverständigung, Befreiung von reaktionären Machtinteressen der Monarchen im Vordergrund). • Schriften von Ernst Moritz **Arndt** und stellen dabei **Unterschiede** fest (Bei Arndt ist Frankreich der Feind → Frankophobie; er sieht die Verwirklichung eines Nationalstaats weniger als europäische Aufgabe, sondern als exklusiv-nationale)	10	
2.	Ausgehend von dem Vergleich stellen Sie den Quellenwert heraus und gelangen zu einem begründeten Sachurteil, z.B.: • Quelle als Dokument für den heterogenen und eben nicht nur chauvinistischen Charakter der nationalstaatlichen Bewegung des Vormärz • Quelle als Dokument für die Verbindung der zwei Geistesströmungen Liberalismus und Nationalstaatsidee in einer politischen Bewegung und deren Ursprünge in der Französischen Revolution von 1789	10	
3.	Zusatzpunkte: Sie erfüllen ein weiteres aufgabenbezogenes Kriterium.	(4)	
	Summe Teilaufgabe 3:	20	

Darstellungsleistung		max. Punkte	davon erreicht
1.	**Organisation von Inhalten**: Sie haben die Inhalte allgemeinverständlich dargestellt, sinnvoll gegliedert, leserführend und kohärent organisiert.	5	
2.	**Ausdruck** (A): Ihre Wortwahl ist treffend und der Textsorte angemessen. Sie schreiben durchgehend sachlich-neutral und abwechslungsreich. Aussagen der Quelle werden neutral wiedergegeben (Modalität).	10	
3.	**Rechtschreibung** (R), **Zeichensetzung** (Z), **Grammatik** (G), **Formalien** (F)	5	
	Summe Darstellungsleistung:	20	
	GESAMTSUMME:	100	

sehr gut			*gut*			*befriedigend*			*ausreichend*			*mangelhaft*			*ung.*
1+	1	1-	2+	2	2-	3+	3	3-	4+	4	4-	5+	5	5-	6
100-95	94-90	89-85	84-80	79-75	74-70	69-65	64-60	59-55	54-50	49-45	44-39	38-33	32-27	26-20	19-0

Raster 4

Gymnasiale Oberstufe, fächerübergreifend: Sachtextanalyse

(BE/Punkte werden umkreist und anschließend zusammengerechnet)

	Bewertungskriterium	*BE/Punkte*				
Inhaltliche Auseinandersetzung	**Einleitung** (Titel, Verfasser, Umfang, Erscheinungsjahr, Thema/Fragestellung, Anlass, Textsorte, Adressaten)	vollumfänglich, höchst präzise, differenziert und fehlerfrei erfüllt	vollständig, genau, fehlerfrei und meist differenziert	weitgehend genau und fehlerfrei (einige Lücken)	oberflächlich, ungenau und lückenhaft mit Fehlern	Anforderungen größtenteils nicht erfüllt, viele Fehler
		10 9	8 7	6 5 4	3 2	1 0
	Inhaltswiedergabe	14 13 12	11 10 9	8 7 6	5 4 3	2 1 0
	Analyse der Textgestaltung (Aufbau der Argumentation, Leserbeeinflussung, Mittel der Veranschaulichung, Schreibstil)	24 23 22 21	20 19 18 17 16	15 14 13 12 11	10 9 8 7 6 5	4 3 2 1 0
	Zusammenfassung der Analyse-Ergebnisse	8 7	6 5	4	3 2	1 0
	Weitergehende Erörterung/**Weiterführender Schreibauftrag** (z.B. Beurteilung eines Standpunktes)	20 19 18 17	16 15 14 13	12 11 10 9 8	7 6 5 4	3 2 1 0
Darstellungsleistung	**Textaufbau/Inhaltliche Textgestaltung** (Klarheit, Logik, Struktur und Kohärenz)	durchgehend klar, allgemeinverständlich und schlüssig sinnvolle, übersichtliche Gliederung	meist klar, allgemeinverständlich und schlüssig sinnvolle, übersichtliche Gliederung	weitgehend klar, allgemeinverständlich und schlüssig sinnvolle, übersichtliche Gliederung	teilweise unklar, oft zusammenhanglos, mangelnde Gliederung	verworren, zusammenhanglos, redundant, unstrukturiert
		10 9	8 7 6	5 4	3 2	1 0
	Ausdruck	treffend, differenziert und höchst abwechslungsreich, durchgehend sachlich-neutral	treffend und abwechslungsreich, durchgehend sachlich-neutral	weitgehend treffend, aber weniger differenziert, eintönig, nicht immer sachlich-neutral	begrenzt, teils unpassend, eintönig, Verständlichkeit beeinträchtigend, nicht immer sachlich-neutral	deutlich begrenzt, Verständlichkeit erheblich beeinträchtigend, Schreibstil und Modalität nicht der textsortengerecht
		10 9	8 7 6	5 4	3 2	1 0
	Sprachrichtigkeit	fehlerfrei	meist fehlerfrei	weitgehend fehlerfrei	zahlreiche Fehler	deutlich viele Fehler
		5	4	3	2	1 0
					SUMME:	______ von 100 erreichbaren BE/Punkten

Raster 5

Deutsch, Gymnasiale Oberstufe: Szenenanalyse eines Dramas
(*BE/Punkte werden eingetragen und zusammengerechnet*)

Inhaltliche Auseinandersetzung	*BE*
1. Sie entwerfen eine Einleitung, in der die zu analysierende Szene des Dramas vorgestellt wird: • Titel des Dramas • Autor/Autorin • Erscheinungsjahr und literaturhistorische Epoche • Thematik	/5
2. Sie ordnen die Szene kurz in den Gesamtkontext des Dramas ein.	/5
3. In der Inhaltsangabe geben Sie den Inhalt der Szene kurz wieder: • Figuren • Ort und Zeit • Handlung/Dialogverlauf (Dialogschritte/Phasen, Wendepunkt) • Ergebnis (Erkenntnis, Entschluss, Zuspitzung oder Problemlösung)	/10
4. Deutende Analyse der Szene: • Charakterisierung der Figuren (feste Charaktermerkmale, Absichten, Veränderung/Wandlung, Sprache) • Konstellation und Interaktion der Figuren (Beziehung zueinander, Haltung zueinander, Interaktion) • Gesamtaussage (Funktion der Szene, szenenübergreifende Zusammenhänge, epochentypische Merkmale) ***Orientierung für eine 30 BE entsprechende Leistung:*** *Die genannten Aspekte werden auf Grundlage breiter Werkskenntnisse detailliert und zusammenhängend erläutert und sachgerecht auf die Szene bezogen. Die Darstellung enthält keine sachlichen Fehler.* ***Orientierung für eine 15 BE entsprechende Leistung:*** *Die genannten Aspekte werden in Grundzügen erläutert und zur Szene in Beziehung gesetzt. Die Darstellung enthält keine wesentlichen sachlichen Fehler.*	/30
5. Weitergehender Schreibauftrag: Sie entwickeln ausgehend von der Fragestellung einen eigenen, nachvollziehbar begründeten eigenen Standpunkt. ***Orientierung für eine 20 BE entsprechende Leistung:*** *Es wird eine auf Grundlage breiter Werks- und Kontextkenntnisse fundiert begründete und differenzierte Argumentation entwickelt, die keine sachlichen Fehler enthält.* ***Orientierung für eine 10 BE entsprechende Leistung:*** *Es wird eine sachgerechte Argumentation entwickelt, die keine wesentlichen sachlichen Fehler enthält.*	/20
Summe der inhaltlichen Auseinandersetzung:	/70

Darstellungsleistung	*BE*
Organisation von Inhalten: Sie haben die Inhalte gut strukturiert, leserfreundlich und zusammenhängend organisiert.	/15
Ausdruck: Ihre Wortwahl ist treffend und der Textsorte angemessen. Sie schreiben durchgehend sachlich-neutral und abwechslungsreich. Aussagen der Textvorlage werden neutral wiedergegeben (Modalität).	/10
Sprachrichtigkeit: Rechtschreibung, Zeichensetzung und Grammatik sind nahezu fehlerfrei.	/5
Summe Darstellungsleistung:	/30
GESAMTSUMME:	/100

sehr gut			*gut*			*befriedigend*			*ausreichend*			*mangelhaft*			*ung.*
1+	1	1-	2+	2	2-	3+	3	3-	4+	4	4-	5+	5	5-	6
100-95	94-90	89-85	84-80	79-75	74-70	69-65	64-60	59-55	54-50	49-45	44-39	38-33	32-27	26-20	19-0

Wortgutachten zu einer Klausur im Fach Geschichte (gymnasiale Oberstufe)

Beispiel 1:

Mila, Sie haben sich mit der Quelle gründlich auseinandergesetzt und waren daher in der Lage, diese strukturiert und treffsicher wiederzugeben. Den historischen Zusammenhang haben Sie ausführlich und immer quellenbezogen dargestellt. Alle darin enthaltenen Daten und Begrifflichkeiten sind korrekt und präzise erläutert worden. Ebenfalls ist das in Teilaufgabe 3 entwickelte Sachurteil in sich stimmig und zeigt Ihre tiefgehende Auseinandersetzung mit der Quelle und dem historischen Kontext. Vor allem hat überzeugt, dass Sie detailliert den grundlegenden Unterschied zwischen Pfizers und Arndts Nationalstaatsidee aufzeigen.
Im Wesentlichen ist Ihr Text kohärent angelegt, wobei durchaus etwas mehr Wert auf die Leserführung gelegt werden könnte. Der sprachliche Ausdruck ist angemessen und höchst abwechslungsreich.

sehr gut (1)

Beispiel 2:

Jakob, Sie haben sich mit der Quelle in weiten Teilen sachgerecht auseinandergesetzt. Allerdings bleiben Sie zu nah an der Textvorlage, sodass deutungsbedürftige Metaphern nicht immer aufgelöst werden. Den historischen Zusammenhang haben Sie ausführlich dargestellt und alle relevanten Daten und Begrifflichkeiten korrekt eingebracht. Einige Sachverhalte hätten aber präziser dargestellt werden müssen. Das in Teilaufgabe 3 geforderte Sachurteil wird im Wesentlichen kenntnisreich entwickelt, wobei jedoch ein Verweis auf Arndts Nationalstaatsidee fehlt. Dadurch haben Sie es versäumt, die Vorstellungen Pfizers kontrastiv zu anderen politischen Strömungen des Nationalismus und Liberalismus herauszustellen.
Ihr Text ist sinnvoll und leserfreundlich gegliedert. Der sprachliche Ausdruck ist angemessen, aber nur wenig abwechslungsreich. Einige Sätze sind etwas zu komplex gestaltet, was die Verständlichkeit hier und da einschränkt.

befriedigend (3)

Raster 6

Gymnasiale Oberstufe, fächerübergreifend: Facharbeit

(BE/Punkte werden eingetragen und zusammengerechnet)

Arbeitsprozess	*max. Punkte*	*davon erreicht*
Durch die Beratungsgespräche wurde Ihr **persönlicher Einsatz** und die Fähigkeit zum **selbstständigen Arbeiten** erkenntlich, da Sie Ideen ... • für eine thematische Problemfrage entwickelt haben. • für Arbeitsmethoden/einen Versuchsaufbau/eine Gliederung vorgelegt haben. • für eine Literatur-/Quellenauswahl vorgelegt haben.	10	

Inhalt	*max. Punkte*	*davon erreicht*
1. In der **Einleitung** erläutern Sie präzise ... • das Thema (Problemfrage) Ihrer Arbeit. • die Quellen/Datengrundlagen/fachlichen Autoritäten, auf die Sie sich stützen. • Ihre Vorgehensweise/Gliederung.	5	
2. Im **Hauptteil** wird eine eigenständige und tiefgehende Auseinandersetzung mit dem Thema erkennbar, da Sie ... • die Arbeit an einer bestimmten Zielvorstellung/Lösung/Gesamtdeutung ausrichten und die Leser dementsprechend durch den Text führen (Leitmotiv). • die Problemfrage differenziert und auf fachlicher Grundlage erschließen. • stets einen sinnvollen Bezug zur Literatur/ zu Quellen/zu erhobenen Daten herstellen. • zu einem begründeten Ergebnis mit anspruchsvollem Erkenntnisgewinn gelangen (Ertrag der Arbeit).	25	
3. In der **Schlussbetrachtung** fassen Sie Ihre Ergebnisse zusammen und bringen Ihre Erkenntnisse auf den Punkt.	5	
Summe Inhalt:	35	

Formalien und Sprache	*max. Punkte*	*davon erreicht*
1. Ihre Arbeit ist **vollständig** und enthält in der folgenden Reihenfolge ... • ein Deckblatt (Thema, Kurs, Datum der Abgabe, Name), • ein Inhaltsverzeichnis, • einen Textteil (8-12 Seiten), • ein Literaturverzeichnis, • eine Erklärung zum selbständigen Arbeiten.	5	
2. Sie halten sich an folgende digitale **Schreibformate:** • Schriftgröße 12 pt bei *Times New Roman* o. Ä., 11 pt bei *Arial* o. Ä. • 1,5-facher Zeilenabstand • Blocksatz • fortlaufend durchnummerierte Kapitelüberschriften	5	
3. Ihre **bibliografischen Angaben** im Literaturverzeichnis sind vollständig, einheitlich und entsprechen den mitgeteilten Vorgaben.	5	
4. Im Text werden **Zitate** syntaktisch korrekt eingebunden und formal korrekt belegt (Klammern oder Fußnoten).	5	
5. Sie zeigen ein angemessenes **Ausdrucksvermögen** (gehoben und abwechslungsreich) und verwenden die Fachterminologie.	10	
6. **Sprachrichtigkeit:** Rechtschreibung, Zeichensetzung, Grammatik	5	
Summe Formalien und Sprache:	35	
GESAMTSUMME:	80	

sehr gut			*gut*			*befriedigend*			*ausreichend*			*mangelhaft*			*ung.*
1+	1	1-	2+	2	2-	3+	3	3-	4+	4	4-	5+	5	5-	6
80-76	75-72	71-68	67-65	64-60	59-56	55-52	51-48	47-44	43-40	39-36	35-32	31-27	26-21	20-16	15-0

Wortgutachten zu einer Facharbeit im Fach Biologie (gymnasiale Oberstufe)

Felix, Sie haben mit der Frage nach der aktuellen „Verbreitung des Grönlandwales (Balaena mysticetus) unter dem Einfluss der Klimaerwärmung" ein fachlich interessantes und problemorientiertes Thema für Ihre Facharbeit gewählt. Das zeigt sich auch in Ihrer Einleitung, in der Sie ausgiebig die Fragestellung und deren Relevanz erläutern (vgl. S. 4).
Allerdings wird Ihre Auseinandersetzung im Hauptteil dieser Erwartung nur zum Teil gerecht. Zwar legen Sie die These dar, dass die Population des Grönlandwals kurzfristig vom Klimawandel und dem Rückgang des arktischen Eises zu profitieren scheint. Dies geschieht aber nicht so umfassend, wie es angesichts der Ankündigung in der Einleitung zu erwarten gewesen wäre (vgl. S. 8). Zum einen hätten Sie stärkere Bezüge zwischen dem aktuellen Populationsanstieg, dem Fortpflanzungsverhalten und den Nahrungsbedürfnissen dieser Walart herstellen können. Zum anderen ist Ihre Literatur- und Datengrundlage zu dieser Frage recht eingeschränkt, zumal einer der beiden verwendeten Belegtexte ein Wikipedia-Artikel ist (vgl. Fußnoten 5, 6, 7 + Literaturverzeichnis). Offenbar um diesen Mangel auszugleichen, erläutern Sie eine Reihe von Informationen, die von der in der Einleitung aufgeworfenen Fragestellung abweichen: Die ausführliche Darstellung des Aussehens des Grönlandwals und seiner Taxonomie ist fehlerfrei, allerdings in diesem Umfang thematisch irrelevant (vgl. S. 5ff.). Aus diesen Gründen wirkt Ihre Schlussbetrachtung auch weniger wie eine punktgenaue Zusammenfassung Ihrer Ergebnisse, sondern wie eine fast wortgleiche Wiederholung der entsprechenden Textpassagen aus dem Hauptteil (vgl. S. 11).
Da Sie zum Teil also von Ihrer zentralen Fragestellung abweichen, hat Ihre Arbeit keinen „roten Faden" und wirkt stattdessen etwas zusammenhanglos. Dennoch ist Ihr treffendes und abwechslungsreiches Ausdrucksvermögen positiv hervorzuheben. Formal entspricht Ihre Arbeit den Vorgaben einer wissenschaftspropädeutischen Arbeit, was sich ebenfalls sehr positiv auf die Gesamtbewertung auswirkt.

befriedigend minus (3–)

Anmerkungen

1 Wer sich mit Schreibkompetenz näher befassen möchte, dem sei die didaktische Fachliteratur zu empfehlen, zum Beispiel: Michael Becker-Mrotzek, Ingrid Böttcher: Schreibkompetenz entwickeln und beurteilen. Praxisbuch für die Sekundarstufe I und II. Berlin: Cornelsen, 2006.

2 An dieser Stelle sind die Ziele vereinfacht und verkürzt wiedergegeben. Zu den Funktion der Leistungsmessung gibt es eine ausführliche Abhandlung bei Liane Paradies, Franz Wester, Johannes Greving: Leistungsmessung und -bewertung. Berlin: Cornelsen Scriptor, 2012, S. 35ff.

3 Vgl. Jürgen Baurmann: Schreiben – Überarbeiten – Beurteilen. Ein Arbeitsbuch zur Schreibdidaktik. Seelze: Klett/Kallmeyer, 2002, S. 130ff.

4 Balthasar Eugster, Leonard Lutz: Leitfaden fur das Planen, Durchführen und Auswerten von Prüfungen an der ETHZ. 3. Juli 2003 (überarbeitete Version vom 9. Dezember 2004). https://www.ethz.ch/content/dam/ethz/main/eth-zurich/education/lehrentwicklung/files_DE/Leitfaden_PruefungenDiz_2004_12.pdf (Abruf 26.11.2018). Meinald T. Thielsch (PsyEval-Team): Evaluation und Qualitätssicherung am Fach Psychologie der Universitat Munster: Tipps zur Klausurstellung. Stand: 4. Juli 2011. https://www.uni-muenster.de/PsyEval/download/publikationen/Tipps_Klausurstellung.pdf (Abruf 26.11.2018).

5 Eugster, Lutz 2004, S. 2: „Prüfungen müssen sich auf Lernziele beziehen (sind also eigentliche Lernzielkontrollen), und umgekehrt müssen Lernziele so formuliert werden, dass aus ihnen prüfbare Kompetenzen abgeleitet werden können."

6 Vgl. dazu auch Karlheinz Ingenkamp: Die Fragwürdigkeit der Zensurengebung. Weinheim: Beltz, 1971.

7 John Hattie: Visible Learning. London, New York: Routledge, 2008. In deutscher Übersetzung John Hattie: Lernen sichtbar machen. Hohengehren: Schneider, 2013. Vgl. dazu auch Michael Felten: Nur Lernbegleiter? Unsinn, Lehrer. Berlin: Cornelsen, 2016.

8 Vgl. dazu Paradies 2012, S. 40f.

9 Einige Autoren wenden sich gegen eine zu starke kriterienorientierte Korrektur von Interpretationsaufsätzen im Fach Deutsch und plädieren für eine ganzheitliche Bewertung; vgl. Hans-Martin Blitz, Volker Hermann: „Sophie, dein Aufsatz weist Mängel auf ...". Aspekte der Didaktik und Korrektur von Interpretationsaufsätzen. Braunschweig: Schöningh, 2016. S. 8ff., S. 88.

10 Vgl. dazu Billie F. Bernie: Assessing Writing. A Guide for Teachers, School Leaders, and Evaluators. Lanham u.a.: Rowman & Littlefield, 2016. Sara Cushing Weigle: Assessing Writing. Cambridge u.a.: Cambridge University Press, 2002.

11 Dudenredaktion (Hrsg.): Duden. Das Stilwörterbuch. 10., überarbeitete und erweiterte Auflage. Berlin: Bibliographisches Institut, 2017; Annelies Häki Buhofer (Hrsg.): Feste Wortverbindungen des Deutschen. Kollokations-Wörterbuch für den Alltag. Tübingen: Francke, 2014; siehe auch: http://www.kollokationenwoerterbuch.ch.

12 Vgl. dazu auch Wolfgang Menzel: „Es heißt nicht ‚kriegen', sondern ‚bekommen'!", in: Praxis Deutsch Sonderheft 1979: korrigieren – zensieren – beurteilen. Seelze: Friedrich, 1979, S. 39.
13 Vgl. ebenda, S. 43.
14 Duden-Newsletter vom 29. Oktober 2010: https://www.duden.de/sprachwissen/newsletter/Duden-Newsletter-291010 (Abruf 15.09.2018).
15 Duden-Newsletter vom 01.06.2007: https://www.duden.de/sprachwissen/newsletter/Duden-Newsletter-010607 (Abruf 03.10.2018).
16 Niedersächsischer Bildungsserver. http://nlqs.de/nibis3/uploads/2bbs-graelmann/files/Korrekturzeichen.pdf (Abruf 03.12.2018); Bildungsportal des Landes Nordrhein-Westfalen. https://www.standardsicherung.schulministerium.nrw.de/cms/zentralabitur-gost/faecher/getfile.php?file=3734 (Abruf 03.12.2018).
17 Ebenda.
18 Regierungspräsidien Baden-Württemberg: Beurteilungs- und Korrekturrichtlinien für die Abiturprüfung an den allgemein bildenden Gymnasien gültig für die Abiturprüfung 2018. https://rp.baden-wuerttemberg.de/rps/Abt7/Ref75/Fachberater/Documents/Abitur %202018 %20Korrekturrichtlinien.pdf (Abruf 30.12.2018).
19 Ministerium für Schule und Berufsbildung des Landes Schleswig-Holstein: Regelungen für die Abiturprüfung im Fach Deutsch für das Jahr 2019 https://za.schleswig-holstein.de/zabDokumente/?view=100&path=Abitur|2019 (Abruf 28.01.2019).
20 Helwig Kuhl: Probleme der Aufsatzkorrektur – und wie man sie lösen kann. Braunschweig u. a.: Schöningh, 2009. S. 20f.
21 http://www.math.ualberta.ca/~mlewis/links/refs/proofmarks.pdf (Abruf 28.01.2019); https://www.interactivetraining.co.uk/proofreading-symbols.html (Abruf 28.01.2019).
22 Melanie Fröhlich: Rand- und Schlusskommentare – Liest die überhaupt jemand?, in: Melanie Fröhlich u. a.: Effizienter korrigieren. Das Praxisbuch. Donauwörth: Auer, 2013, S. 28. Allerdings ist hier anzumerken, dass laut einem Urteil des Verwaltungsgerichts Braunschweig vom 11.02.2014 Randkommentaren nicht entnommen werden kann, „dass sie tragende, für das Bewertungsergebnis erhebliche Gesichtspunkte zum Ausdruck bringen." Das sei nur dann der Fall, wenn diesen in der abschließenden Stellungnahme eine entscheidende Bedeutung beigemessen wird. Verwaltungsgericht Braunschweig, Urteil vom 11.02.2014, 6 A 50/13. http://www.rechtsprechung.niedersachsen.de/jportal/?quelle=jlink&docid=MWRE140003115&psml=bsndprod.psml&max=true (Abruf 31.10.2018).
23 Vgl. Fröhlich, S. 27ff.
24 Elaine N. Aron macht auf die Hochsensibilität auch im schulischen Umfeld aufmerksam: Elaine N. Aron: Das hochsensible Kind. München: mvg, 2008.
25 Vgl. Vereinbarung zur Gestaltung der gymnasialen Oberstufe und der Abiturprüfung. Beschluss der Kultusministerkonferenz vom 07.07.1972 i. d. F. vom 15.02.2018. https://www.kmk.org/fileadmin/Dateien/veroeffentlichungen_beschluesse/1972/1972_07_07-VB-gymnasiale-Oberstufe-Abiturpruefung.pdf, S. 15 und 22 (Abruf: 26.10.2018).
26 Vgl. Cathrin Rattay, Jost Schneider: Erwartungshorizonte sinnvoll gestalten und verwenden – Die fünf Gestaltungsprinzipien, in: Melanie Fröhlich u. a.: Effizienter korrigieren. Das Praxisbuch. Donauwörth: Auer, 2013, S. 25.
27 Korrekturzeichen und Hinweise zur Korrektur von Klausuren im Fach Deutsch. Zentralabitur in der gymnasialen Oberstufe. https://www.standardsicherung.schulministerium.nrw.de/cms/zentralabitur-gost/faecher/getfile.php?file=3734 (Abruf 06.12.2018).

28 Karin Zuraw, Stephan Meinerling: Hinweise zur Korrektur schriftlicher Arbeiten in der Qualifikationsphase und im Abitur. Hrsg. von der Landesschulbehörde. November 2017. http://www.nibis.de/uploads/2bbs-maydell/Hinweise%20für%20die%20Korrektur%20schriftlicher%20Arbeiten%20in%20der%20Qualifikationsphase%20und%20im%20Abitur_korrigiert.pdf (Abruf 31.10.2018).

29 Prüfungsregelung Deutsch Abitur 2018. http://za.schleswig-holstein.de/zabDokumente/?view=100&path=Abitur%7C2018 (Abruf 08.12.2018).

30 Die Werte der Tabelle sind rechnerisch ermittelt und nicht rechtsverbindlich.

31 Bekanntmachung des Sächsischen Staatsministeriums für Kultus zur Korrektur und Bewertung von Abiturprüfungsarbeiten an allgemeinbildenden Gymnasien, Abendgymnasien und Kollegs im Freistaat Sachsen Fachbezogene Korrekturhinweise gemäß § 34 Abs. 2 Satz 1 OAVO. https://www.revosax.sachsen.de/vorschrift/10656-Bek-Korrektur-und-Bewertung-von-Abiturpruefungsarbeiten#romI (Abruf 06.11.2018).

32 Bayerisches Staatsministerium für Bildung und Kultus, Wissenschaft und Kunst: Unterricht im Fach Deutsch – Lernbereich Schreiben. Rundschreiben an die Gymnasien in Bayern. 19.07.2016. https://www.isb.bayern.de/download/18190/160719_kms_schreiben_neu_r.pdf (Abruf 08.12.2018).

33 Ebenda, S. 8.

34 Vgl. Verwaltungsgericht Braunschweig, Urteil vom 11.02.2014, 6 A 50/13. http://www.rechtsprechung.niedersachsen.de/jportal/?quelle=jlink&docid=MWRE140003115&psml=bsndprod.psml&max=true (Abruf 31.10.2018).

35 Viele dieser Aussagen stammen aus Ian Smith: Assessment & Learning. 2nd edition. Alresford: Teachers' Pocketbooks, 2014.

36 Damit wird hier Hohwiller widersprochen, der rät, Mitleidsbekundungen zu vermeiden, denn diese würden Beschwerden „Tür und Tor öffnen". Vgl. Hohwiller, S. 100.

37 Eine ausführliche Darstellung zum Erkennen von Plagiaten bietet Jost Schneider: Plagiate erkennen und ahnden. In: Melanie Fröhlich u. a.: Effizienter korrigieren. Das Praxisbuch. Donauwörth: Auer, 2013, S. 62–64.

38 Lehrkräfte an weiterführenden Schulen müssen je nach Bundesland zwischen 23 und 28 Unterrichtsstunden zu jeweils 45 Minuten ableisten (Deputat), was in etwa einer Wochenarbeitszeit von etwa 17 bis 20 Stunden entspricht. Nach derzeitiger Rechtslage wird von einer Gesamt-Wochenarbeitszeit von etwa 40 Stunden für Lehrer ausgegangen. Die Berechnung erfolgt durch einen Jahresdurchschnitt, wobei Ferienzeiten eingerechnet werden. Laut § 34 des bundesweit gültigen Beamtenstatusgesetz (BeamStG) sind verbeamtete Lehrer dazu verpflichtet, „sich mit vollem persönlichen Einsatz ihrem Beruf zu widmen". Zudem besteht die Pflicht zur gewissenhaften Aufgabenerledigung.

39 Vgl. Marco von Münchhausen: Konzentration. Wie wir lernen, wieder ganz bei der Sache zu sein. Offenbach: Gabal, 2016., S. 15–19.

40 Vgl. Jan Höpker: Erfolg durch Fokus und Konzentration. Waldkirch: Eigenverlag, 2017, S. 47 f.

41 Abbildung in Anlehnung an Münchhausen, S. 24.

42 Münchhausen, S. 63; Höpker, S. 121.

43 Vgl. Höpker, S. 49.

44 Vgl. „Ein kurzer Mittagsschlaf fördert unsere Gesundheit". Interview mit Jürgen Zulley. In: Süddeutsche Zeitung, 17. Mai 2010. https://www.sueddeutsche.de/wissen/power-napping-ein-kurzer-mittagsschlaf-foerdert-unsere-gesundheit-1.605159 (Abruf 19.11.2018). Vgl. dazu auch Stefanie Demmler, Solveig Lanske, Dörthe Ziemer: Power-Napping. Offenbach: Gabal, 2013.

45 Münchhausen, S. 65.
46 Vgl. Münchhausen, S. 65 f., S. 100 f.
47 Vgl. dazu auch Nils Spitzer: Perfektionismus überwinden. Müßiggang statt Selbstoptimierung. Berlin: Springer, 2017.

Bildquellen

Umschlag:
© multihobbit/stock.adobe.com (Kaffeetasse)
© speed300/stock.adobe.com (Holzstruktur)
© robynmac/stock.adobe.com (Stift)
© Dodor_Inna/stock.adobe.com (Igelball)

S. 8: © arrowsmith2/stock.adobe.com
S. 9: © Pixelbliss/stock.adobe.com
S. 16: © Marek Walica/stock.adobe.com
S. 17: © Moritz Wussow/stock.adobe.com
S. 50: © Antonioguillem/stock.adobe.com
S. 92: © NuPenDekDee/stock.adobe.com
S. 51, 66, 67, 93: Thorsten Henke
S. 65, 73, 84, 91, 111: © david_franklin/stock.adobe.com (Post-it)

Unter **www.friedrich-verlag.de** finden Sie Materialien zum Buch als Download.
Bitte geben Sie den achtstelligen Download-Code in das Suchfeld ein.

DOWNLOAD-CODE: d31372kb

Hinweis:

Das Download-Material enthält Bewertungsraster und andere Dokumente in den Formaten DOCX (Word)/PDF, die Sie bei der Erstellung eigener Raster und Bewertungen als Grundlage verwenden können.

Durch den Kauf dieses Buches (ISBN 978-3-7727-1372-9) haben Sie das Recht erworben, das ergänzende Download-Material in Ihren derzeitigen und zukünftigen Lerngruppen und Klassen einzusetzen und zu vervielfältigen. So können Sie etwa einzelne Seiten ausdrucken und verteilen oder mit Beamer oder Whiteboard verwenden.

Was Sie **nicht** dürfen:

- Das Download-Material oder Teile davon an Kolleginnen und Kollegen weitergeben.
- Das Download-Material oder Teile davon in Netzwerke einstellen, wie etwa Schulserver oder Cloud-Systeme, sodass Kolleginnen und Kollegen darauf Zugriff erhalten.
- Die Lizenzinformation und Quellenhinweise auf dem Downloadmaterial entfernen.
- Bei einer Bibliotheksausleihe des Buches das Download-Material herunterladen.

Bitte tragen Sie im Sinne dieser Lizenz dazu bei, dass wir weiterhin digitales Ergänzungsmaterial für Lehrerinnen und Lehrer bereitstellen können. Der Verlag behält sich dabei vor, auch gegen urheberrechtliche Verstöße vorzugehen.

Unsere Autorinnen und Autoren sowie der Verlag wünschen Ihnen viel Erfolg bei der Nutzung der Materialien!

Haben Sie Fragen zum Download? Dann wenden Sie sich bitte an den Leserservice der Friedrich Verlags GmbH. Schreiben Sie uns oder rufen Sie uns an!

Sie erreichen unseren Leserservice
Montag bis Donnerstag von 8 – 18 Uhr
Freitag von 8 – 14 Uhr
Tel.: 0511/40004-150
Fax: 0511/40004-170
E-Mail: *leserservice@friedrich-verlag.de*

Wir freuen uns über Ihre Rückmeldung und helfen Ihnen gerne weiter!